米洲의 印象

미 주 의 인 상

오, 동양과 동양, 서양과 서양

이 둘은 언제고 만나리라

신의 위대한 심판의 자리에

하늘과 땅이 놓이기 그전에도.

　　　　-김동성

米洲의 印象

미 주 인 상

조선 청년,
100년 전 뉴욕을 거닐다

김희진·황호덕 옮김 I 황호덕 해설 김동성 글·그림

현실문화

『미주의 인상』을 펴내며

　　김동성(金東成, 1890~1968)이라는 이름은 어떤 이에게는 낯설지 모르지만, 한국 근대 문화사가들에게는 잊을 수 없는 이름이기도 하다. 이 이름을 접하고 떠올리는 이미지는 사람마다 저마다 다를 것 같다. 개성 상인의 아들로 태어나 한영서원(韓英書院)에서 근대 문물에 눈뜬 김동성은 당대 한국인으로서는 드물게, 일본이 아니라 중국과 미국을 유학지로 택했으며, 약 10년간(1908~1917)의 유학 후 귀국하여 한국 근대 문화사에 지울 수 없는 족적을 남겼다. 당대의 미국통(通)으로 활약한 그는 언론인, 만화가, 번역가, 관료, 정치가, 그리고 신문학과 농업 관계의 저술가, 사전편찬가로서 매우 다면적인 삶을 살았다. 세대적으

4

로 보자면 갑오개혁 전인 1890년에 태어나 개화열(開化熱)이 강했던 개성 땅에서 자랐으니, 소년 시절부터 근대 학문을 배웠던 1세대 문화인이다. 최남선, 송진우, 김두봉, 유영모가 그와 같은 해에 세상에 났다. 시대 상황으로 인해 한 몸으로 여러 분야의 개척자가 될 수밖에 없었던, 이른바 선각자적 삶을 살았던 인물이다.

김동성을 언론인으로 기억하는 사람들은《동아일보》의 창간 기자,《조선일보》의 발행인 겸 편집인,《조선중앙일보》편집국장, 합동통신사 사장으로서의 그의 이력을 떠올릴 것이다. 일설에 따르면 그는 이상협, 안재홍과 함께 한국 초기 언론사의 3대 기자로 거론되기도 했던 인물이다.

김동성을 만화가로 떠올리는 사람들도 있을 것이다.《동아일보》에 4단 만화들을 그리고, 강렬한 사회비평을 수용하는 독자 투고 만화란을 개설하고,《조선일보》의 연재만화〈멍텅구리〉시리즈를 기획하던 그의 모습은 한국 만화사의 중요한 순간들 중 하나다. (이 만화를 옮겨 해설한 책이 머잖아 현실문화에서 출간될 예정이다.)

또한 김동성의 이름을 정치가이자 관료로 기억하는 사람들도 적잖을 것으로 안다. 미군정에 참여하고, 이승만의 정치

노선을 지지하며 대외 창구역을 하던 김동성은 단정 수립 후 대한민국의 초대 공보처장이 되었으며, 1949년에는 한미친선사절단장으로 미국에 건너가 단정 수립의 정당성을 역설하기도 했다. 1950년에는 개성을 지역구로 출마해 민의원에 당선되었으며, 한국전쟁 중 국회에서 부의장으로 피선되기도 했다. 이승만 노선과 거리를 두게 된 그는 4·19 혁명 이후 민의원 사무총장을 지내기도 했으나, 5·16 군사 쿠데타 후에는 민주공화당 중앙위원을 역임하기도 하는 등, 복잡한 정치 여정을 보여주었다.

김동성을 번역가나 사전편찬가로 기억하는 사람들도 있을 것이다. 그의 번역은 한문과 영어에 대한 조예에 바탕한 것이었지만, 작품 선택을 보면 대중문학에 대한 그의 관심이 확연하다. 그는 《동아일보》에 코넌 도일의 〈홈즈〉 시리즈 등 수다한 탐정 소설을 번역해 연재했을 뿐 아니라, 한학 지식에 기반해 『삼국지』, 『열국지』, 『금병매』, 『서유기』, 『장자』 등을 번역하기도 했다. 또한 그의 스승 격인 윤치호처럼 한문과 영어 양쪽에 조예가 깊었기에, 한문학 관련 어학서나 영어 관련 어학서를 출판하기도 했으며, 혼자 힘으로 『한영사전』(1928)을 편찬하고 증보해나가기도 했다. 반면 일본어는 거의 알지 못했다 하니, 그의 세계문학 및 동서 고전 번역은 일본어 중역(重譯)이 아니라 영어로부터 직접 번역한 것일 터이다.

하지만 김동성의 인생을 들여다보면, 그의 진정한 모습은 '여행가' 혹은 '편력가(遍歷家)'로서의 삶에 있지 않았나 싶다. 1909년 미국 유학길에 나서며 시작된 그의 세계 일주는 장소를 늘여가며 생애 내내 간헐적으로 이어졌다. 여행이란 그의 삶에서 활력 그 자체를 의미했다. 그도 그럴 것이 김동성은 곧잘 최초의 해외 편력들을 스스로의 견장으로 기꺼워하곤 했다. 예컨대 《동아일보》 창간 때 중국 명사들의 휘호와 축하 메시지를 받아 오던 일이나, 1921년 10월 하와이에서 열린 만국기자대회에 참석하여 부의장에 선출된 일, 1922년 동아일보사의 초대 미국 특파원이 된 일, 해방 후 미군정의 여권으로 해외를 여행한 최초의 한국인이 된 일은 김동성이 즐겨 떠올린 생의 황금 시절이었다.

우리가 번역한 『동양인의 미국 인상기』(1916)는 김동성의 젊은 날의 유학 체험을 담은 것이지만, 그 이후로도 미국 기행과 기행의 기록은 수차례 더 이어졌다. 해방 후에 출간되어 미국에 대한 대중들의 인상과 관념에 적잖은 영향을 끼친 『미국인상기』(국제문화협회, 1948) 역시 그중 하나다. 김동성이 기획한 것으로 알려진 연재만화 〈멍텅구리〉 시리즈에는 그의 세계 일주 체험이 곳곳에 녹아 있으며, 해방 후에도 해외 사정에 대한 여러 보고들을 남겼다(예컨대, 『중남미 기행』, 원문각, 1954). 이들 여행기에는 '교양으로서의 세계'라는 관점과 한민족의 고난과 성취에 대한 긍정이 곳곳에 나타나 있으며, 특히 그의 미국론은 민주주의적 가치와 대중문화에 대한 긍정으로 집약될 만한 전형성을 보여주고 있다.

우리가 번역하고 해설한 『동양인의 미국 인상기』는 한국인이 미국에서 출간한 최초의 단행본으로 알려져 있다. 미국 유학 생활 중의 에피소드들을 그 자신이 그린 삽화를 곁들여 써나간 이 책은 김동성의 저술가로서의 삶의 첫 출발점에 해당한다. 강용흘(Kang Younghill)의 등장 이전까지만 해도 미국에서 출간된 거의 유일한 한국인 저술의 단행본이었다. 학자이자 운동가로 알려졌던 이승만의 『미국의 영향 하 영세중립론』과 함께 20세기 초 한국인이 미국에 남긴 몇 안 되는 영문 출판물 중 하나라 하겠다. 특히 출간 당시 여러 미국 언론에 보도된 것을 보면, 이방인이 쓴 유쾌하고도 의미심장한 미국 문화론으로서 널리 읽혔음을 짐작할 수 있다.

『동양인의 미국 인상기』의 대체적인 내용은 목차를 일견하면 알 수 있듯이, 철학적인 사색보다는 직관적인 관찰을 통한 동서 비교 문화론에 가깝다. 의식주를 비롯한 미국의 생활문화, 미국인의 사랑과 결혼에 대한 생각과 현실, 여성과 가정에 대한 관찰, 대학 생활의 편린들, 정치와 언론 등의 공공 영역에 대한 평가, 스포츠 등의 대중문화에 대한 관심, 미국인의 종교 생활 등이 한 개방적 동양인의 관점에서 에피소드의 형식으로 묘파되어 있다. 조선이라는 세계의 변방, 식민지에서 온 한 동양인 청년이 미국이라는 거대한 땅에서 경험한 일들과 문화적 섭취들이 담담하고도 재치 있게 표현되어 있어, 1910년대 한국인의 미국관, 서양관의 일단을 확인할 수 있다. 양성 평등이나 민주적 가치, 자유로운 개인과 언론의 중요성, 도서관 문화로 대표되는 교양에의 강조 등, 그의 신념은 이미 이때 확립된 것이 아닌가 여겨진다. 특히 여행기 중 일부는 귀국 후 한국의 신문《매일신보》에도 연재되었기에, 동서 비교 문화론과 관련된 사료로서뿐 아니라 번역론이나 문체론의 측면에서도 좋은 참고 자료가 된다.

이 책을 번역하게 된 것은 그가 번역한 수다한 번역 작품들 때문이기도 했지만, 무엇보다 필자가 한국 근대문학 연구자로서 그가 편찬한 『한영사전』을 영인하고 해제하면서 한 개인의 힘으로 이뤄낸 위업에 감탄하였기 때문이다. 그전에 외국인

선교사나 식민 당국이 편찬한 이중어 대역사전이 없었던 것은 아니나, 그래도 그들에게는 교단이나 행정조직의 지원이 없지 않았다. 그런데 김동성은 '국어사전' 하나 없었던 시절에 한국어와 한국 문화를 세계와 교통시키겠다는 일념으로, 한국어와 영어를 낱말 수준에서 잇는 거질의 사전을 한 땀 한 땀 기워나갔던 것이다. 쓰다 만 기사와 낱말 카드들, 그리다 만 삽화들로 가득했을 그의 젊은 날의 책상을 떠올리며, 그가 쓴 첫 책을 조촐하나마 한국어 번역서로 내보려 마음먹었다.

하지만 다망하기도 하고 게으르기도 하여, 길지도 않은 책의 번역이 차일피일 미뤄지던 차에, 김희진 선생이 번역 작업에 기꺼이 동참해주셨다. 이미 영어와 프랑스어 이론서와 서사물의 번역으로 문명(文名)을 얻고 있는 김희진 선생과의 협업이 없었다면, 인내심이 바닥났을 출판사의 채근을 어찌 감당했을까 생각만 해도 두렵다.

번역보다는 마무리에 더 많은 시간이 걸렸다. 이 책이 나왔을 당시의 미국에서의 반응을 갈무리 해두는 일, 김동성이 한국에 돌아와 번역한 국한문체 여행기를 현대어로 옮기는 일도 수월찮았지만, 이 책이 가지는 의미나 김동성이라는 한국 근대 문화의 잊혀진 기린아를 현재의 관점에서 의미화하고 재평가하는 해설을 쓰는 일이 녹녹지 않았다. 이 또한 김희진 선생과 서로 나누어 옮기고, 바꾸어 고쳐나가며 마무리할 수 있었다.

그런 사정으로 인해 이 책은 3부로 구성했다. 여행기만 번역하면 그 의미나 문제성이 고립되어버릴까 염려되었기 때문이다. 이 책의 제1부는 1916년에 미국에서 출간된 김동성의 *Oriental Impressions In America*(The Abingdon Press: Cincinnati)를 한국어로 옮긴 것이다. 이 책의 제2부는 김동성이 *Oriental Impressions In America*의 일부를 스스로 국한문으로 번역하여 1918년 《매일신보》에 연재한 것을 현대 한국어로 옮긴 것이다. 제3부는 이 영문 저작이 출간된 당시 미국 언론 보도들을 한국어로 옮긴 것으로, 먼 동양의 변방에서 한 이방인의 관점이 미국 사회에서 어떻게 받아들여졌는지를 얼마간 확인할 수 있을 것이다.

김동성이 오래 머물렀던 천리만리 타지에서, 오래 묵혀둔 번역과 해설의 글을 끝내는 기분은 김동성의 글을 닮아선지 자못 고요하다. 약 100년 전, 뉴욕에 입항한 약관의 김동성이 바로 이 연구실 저편으로 나 있는 철길을 따라 트렌턴을 거쳐 남부의 아칸소로 갔다. 그는 그때 무슨 생각을 했던 것일까. 나는 지금 어떤 여행길을 가고 있는 것일까. 한국 근대 문화의 수업 시대를 열고, 편력 시대를 함께한 이 조금은 잊혀버린 문화사적 인물의 조촐하지만 기념비적인 저작으로 여러분을 초대한다. 이 짧은 여행이 즐겁기를, 종종 깊은 상념들로 이어지기를 기원한다.

책에 실린 원고의 출처와 맡은 소임이 갖가지라, 책의 완성 과정을 잠시 소개할 필요가 있겠다. 김동성이 미국에서 영문으로 발간한 *Oriental Impressions In America*는 김희진이 전문을 번역한 후, 황호덕이 검토하는 형식을 취했다. 《매일신보》에 연재된 〈미주의 인상〉을 현대어로 옮긴 제2부와 김동성의 영문 서적 발간 당시의 미국 언론 보도 및 리뷰들을 번역한 제3부는 황호덕이 찾아 옮긴 후, 김희진이 검토했다. 해설은 황호덕이 작성했다.

끝으로 이 책이 완성되기까지 마음을 써주신 김동성 선생의 영애(令愛) 김옥렬 전 숙명여대 총장과, 탁월한 연구와 학자적 동료애로 자료에 접근하는 데 큰 도움을 주신 연세대의 박진영 선생께 감사의 인사를 전한다. 당대의 미국 언론 보도나 자료들을 구득할 수 있게 된 것은, 프린스턴 대학의 스티븐 정(Steven Chung) 교수의 초대와 배려 덕택이었다. 필자의 게으름으로 인해 현실문화의 김수기 대표와 김수현 씨께는 기약 없는 인내의 시간과 근심을 안겨드렸다.

주위 분들과 약속한 내 나름의 '한국근대여행문학총서'를 내겠다는 결심은 여전히 유효하다. 눈덩이처럼 불어난 마음의 부채 모두를 감당하기는 어렵겠지만, 차후의 작업들과 학자적 협업을 통해 하나하나 해나가려 한다. 그간 도와주신 분들에 대한 말로 다할 수 없는 감사의 말씀을 필설로 대신한다.

2014년 8월 20일
프린스턴 연구실에서
옮기고 엮은 이를 대표하여
황호덕 씀

차례

사진으로 보는 천리구 김동성

1900년대 초 개성 시가지. 1890년 개성 상인의 아들로 태어난 김동성은 생애에 걸쳐 '개성인'이라는 긍지를 갖고 있는 한편, 송방(松房)의 후예로서 실용적이고 합리적인 문화 의식을 자부했다.

1890년대 개성 남대문

■ 한영서원 시절

한영서원 최초의 학생들. 김동성은 1906년 윤치호를 초빙하여 한영서원을 설립한 숨은
주역이다. 한영서원을 졸업한 후 그는 윤치호의 행로를 따라 중국을 교두보로 미국 유학
길에 올랐다.

한영서원 설립자 윤치호

김동성의 미국 유학을 주선한 3대 교장 왕영덕
(이상 송도고등학교 총동문회 제공)

김동성이 미국에 도착한 해인 1906년에 안토니오 야콥슨이 그린 〈자유(Liberty)〉. 대서양을 건너 미국 동부로 입항하면 '자유의 여신상'을 가장 먼저 만나게 된다.

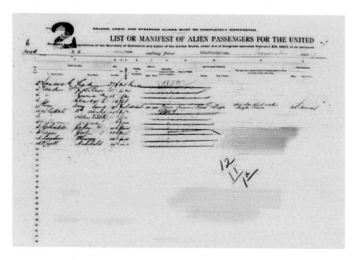

김동성의 미국 입국 기록. 1892년 문을 연 엘리스 섬의 출입국관리소에 그의 입국 기록이 보관되어 있다. 이 문서는 1909년 2월 20일에 작성된 것으로, 이 날짜가 김동성의 미국 입국일이다.

·AMERICAN LINE·

T.S.S. "PHILADELPHIA" LANDING U.S. MAILS
& PASSENGERS AT PLYMOUTH
ON ARRIVAL FROM NEW YORK.

김동성이 사우샘프턴부터 뉴욕 항까지 타고 간 SS 필라델피아 호.

SINGER, CITY INVESTING & HUDSON TE
Copyright 1909 By
IRVING UNDERHILL, New Yor
B.H 5128

김동성이 1909년 미국에 입성할 당시의 뉴욕 맨해튼의 모습.

『동양인의 미국 인상기』(1916)에 실린 김동성의 삽화(위). 뉴욕의 메디슨 거리 사진(아래)과 시점이 유사하다.

「김동성이 안창호에게 보낸 서신(콘웨이, ARK: 1911년 10월 15일)」, 〈독립운동가자료 안창호 서신류〉, 독립기념관 제공.

선생의 미주 오신 소식은 《신한민보》로 말미암아 듣사왔사오나 공과에 추신치를 못하여 이때껏 두어 줄 글월도 올리오지 못하였소이다.

소생은, 송도 한영서원 생도로 2년간을 윤치호 씨 아래 있다가, 청국(중국) 소주로 가서 등우 대학(東吳大) 학당에서 1년을 공부하고 하기 방학에 귀국하였다가, 어떤 선교사와 작반하여 다시 상해로 건너가 인도양으로 돌아 뉴욕에 상륙하였사오니, 이미 두 해가 가까웁니다.

선생을 마지막 뵈옵기는 송도 운계 이건혁 씨의 집에서 뵈었사오니 선생이 능히 기억하시올른지는, 소생의 성명은 김동성이요, 나이는 스물한 살이외다.

9월 15일

국가와 민족이 이와 같이 흡업한 때를 당하야 어떻게 사람 노릇을 좀 할까 하고, 몸이 독자요 또 늙은 과거하시는 어머니를 집에 놓고 온 것을 생각지 말고 급급히 하는 공부나 하는 중이오이다.

대한 떠나실 때 평양 대성학교는 어떠한 형지 있는 것을 보시고 오셨소이까? 선생이 모스크바에서 그 3년간 체류하시는 줄로 알았더니 어찌 그리 속히 오셨소이까?

이곳에 소생 외에 본국 학생 하나 있사오니 그는 캘리포니아 소학교를 지난여름에 졸업하였소이다.

여가가 계시거든 한 장 권면의 글을 받잡기 엎드려 바라고 이에 행은 중 항상 강건하시기 기도하옵니다.

소생 김동성 이배(二拜)

미국으로 건너간 김동성은 헨드릭스 대학과 오하이오 주립대학, 신시내티 미술학교에서 10년간 유학 생활을 하게 된다. 김동성이 가장 오래 머문 오하이오 주립대학의 1910년 사진 엽서.

오하이오 주립대학의 학년 무도회. 출처: 오하이오 주립대학 아카이브.

View of North High Street, Columbus, O.

오하이오 주립대학이 있었던 콜럼버스 시가 그림을 담은 1908년 엽서.

오하이오 주립대학의 강의실. 출처: 오하이오 주립대학 아카이브.

Franklin Open Session

DEBATE: *Resolved*, That reciprocity, had it been established between the United States and Canada, would have been for the best interest of the United States.

Affirmative:
STEEL   MITCHELL

Negative:
McANEAR   CARMICHAEL

DECISION FOR NEGATIVE.

LANGSTON,
Orator.

D. S. KIM,
Fraternal Delegate.
(HARLAN SOCIETY).

GOSSETT,
Declaimer.

64

김동성의 콘웨이 헨드릭스 대학 재학 시절. 학내 각종 현안에 적극적으로 참가하고 발언한 흔적들이 엿보인다. (배승일 제공)

Copy

A Knott Hotel
45 W. 35th St., New York, N.Y.

Nov. 8, 1946

My dear Roy: *E. Farr, 211 Morrison St. Hot Spgs.*

Do you remember your roommate at Conway? This is Kim.
I just came into town and looked up your address through Methodist
Headquarter. Now tell me all about yourself, your family. Mrs.
Sue L. James, my good old mother and other friends you can think
of.

My schedule is full, as I am on a good will mission as
a private Korean citizen.

Anticipating your reply by return mail, I beg to remain
Yours as ever,
(Signed)   D. S. Kim

- -

KOREAN PACIFIC PRESS
Kim, Dong Sung
President
Seoul, Korea.

Nov. 16, 1946

My dear Roy:

Delighted to hear from you and your good Mother is
with you. My mother is 83 years old now and I have to go back soon
for her.

I just mailed a letter to Dr. Hutchinson. You haven't
changed much, while I am quite old, 56 this year. Somehow I have
survived through the war, and it's good to see dear old America
again.

I would like very much to go through Arkansas on my
way back, but don't see the way how, unless Hendrix College confers
on me an honorary degree of L.L.D., for I am a big shot in the
intellectual class of Koreans. But it's impossible because I
haven't had any degree at all, sad to say.

Since I went back I got into the newspapers and, believe
me, it was a rather difficult task to go through under the Japs.

After the American forces came to Korea, I have tried
to be some help to them by giving correct informations. For many
things I've kept myself busy. The 38th parallel line is strangling
us economically and politically.

Many things I would like to tell you but it's impossible
to touch.

With my sincerest wishes to you and your folks, I beg
to remain,   as ever,
(Signed)   D. S. Kim.

P.S.   A few more weeks, then will go back.   D. S.

김동성이 헨드릭스 대학 시절의 룸메이트에게 보낸 편지 (배승일 제공)

Prizes Awarded at Commencement 1909.

McKennon Scholarship Prize.................................J. H. Burr.
Ware Mathematical Prize...............................Herbert Jones.
Western Methodist Oration Prize........................A. I. Winsett.
Individual Debaters Prize...............................A. C. Maddox.
College Essay Prize...................................M. J. McHenry.
Mirror Literary Prize...........................C. C. Hearnesberger.
Dyer English Prize...................................W. P. Davidson.
Academy Scholarship Prize..............................H. P. Gossett.
Academy Declamation ....Chas. Kiefer.
Academy Essay Prize...................................W. R. Schisler.

Who's Who in 1910.

Most Popular Boy.......................................M. W. Riggin.
Most Popular Young Lady............................Miss Vivien Hill.
Most Popular Professor.................................M. J. Russell.
Best Student ....C. D. Nelson.
Best Athlete ....Sam H. Scott.
Handsomest Boy ....B. E. Donaldson.
Ugliest Boy ....Robert Jackson.
Laziest Boy ....Kuhl Brown.
Biggest Sport ....O. C. Mitchell.
Biggest "Rube"..Paul Davidson.

D. S. Kim,
Korean Missionary to Benighted Hendrix Students.

59

헨드릭스 대학 학생회 잡지에 특필된 김동성. (배승일 제공)

오하이오 주립대학 미식축구 프로그램 표지들. 1915년 표지(왼쪽 아래)와 이 책에 실린 김동성의 삽화(오른쪽 아래)를 비교해보면 김동성이 표지 그림을 보고 유사하게 삽화를 그렸을 가능성을 짐작할 수 있다. (출처: 오하이오 주립대학 아카이브)

김동성은 미국 유학 당시에 현지 한국어 신문 《신한민보》 1917년 4월 5일자 3면에 만평을 발표했다. 태극기를 두르고 쓰러진 애국자를 천사가 구원해내고 그의 죽음으로 "새로운 한국(新韓, New Korea)"이 신생하리라는 기대를 표현하고 있다. 만평 왼쪽에, 문인화풍의 필치로 "고절양풍(高節亮風)"라 써서, '높은 절개와 밝은 가르침은 만고에 남는다(高節亮風萬古存)'는 화의(畵意)를 전하고 있다.

34

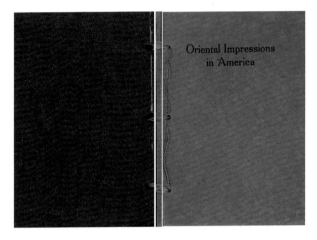

『동양인의 미국 인상기(Oriental Impressions in America)』(1916)의 표지

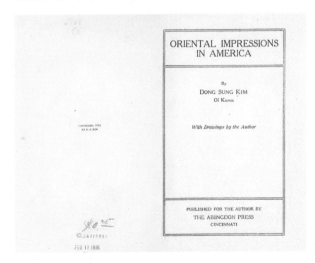

『동양인의 미국 인상기』(1916)의 표제지

Foreword

He came from peaceful lands of rice,
From peaceful people, peaceful skies,
Beloved b'ue Korean skies,
  Over the green fields' rim;
An education his emprise,
A lad all grit, with quiet eyes,
With golden heart, and very wise,
  Our Mr. Kim!
Oh, folk of Uncle Sam, be nice,
With all your kindness, all your lies,
  Be good to him!

MARY MacMILLAN.

Columbus could not have been a happier man than we were. We had been sailing toward America for two months, yet we scarcely believed there was a real America until our feet touched the bank of the "Noiseville-on-Hudson." Then we remembered the little Latin quotation, *Veni, Vidi*—except the last part, which remained to be proved.

Our heart was turned to the good Lord with profound gratitude for two reasons: first, the possibility of bringing into direct contact nations and races separated by oceans and hemispheres; and second, the advantage of journeying with modern conveniences. If there were just one class like that of the storage, we would have preferred to stay at home rather than to be mingled in that human herd of immigrants in the filthy and unsightly compartments, although we might have remained an insignificant and ordinary person.

What right had we to drop in from without to enjoy all the civilization of this great commonwealth? Rome was not built in a day and neither was America. Only through the continuous hardships and unselfish efforts of the forefathers of the nation had this wonderful achievement come to be crystallized into this stage of civilization.

We had not come through the influence of some manufacturer, neither as a captive nor as a conqueror in this strange land, but we were here to absorb the intellectual atmosphere of modern times which was stored up in a college education. No words could be found to express our heartfelt appreciation and admiration for the hospitality of our American friends during our sojourn in this new and free world.

10

City

SINCE we were just an ordinary person, the noise, the people, and the buildings interested us more than did the government and the celebrities. Our dreams and imaginations of America were different from the actual seeing, in that we did not think it possible to construct such immense buildings as the Singer Building, with which we were familiar because of our imported domestic articles. It was bright, clear daylight, yet all these tall buildings looked more or less alike to us, which made us think that the composer of that song at the Johnson-Jeffries bout was not quite right in saying "Some objects look alike in the dark."

The hurried throngs on each side of the walk, the big, tall traffic cops with ever-moving limbs, the automobiles, electric cars, surface, elevated, and even subway cars, vehicles of every description, the whistles, the rattles, and a thousand and one other things were all at the same time in a modern American city.

The more we learn, the more we realize our lack of knowledge. We thought we could get a share if we were

11

『동양인의 미국 인상기』(1916)의 본문

36

《매일신보》 1918년 2월 26일자 3면에 실린 김동성 연재물 〈미주의 인상〉. 김동성은 1916년 미국에서 발간한 『동양인의 미국 인상기』 가운데 다섯 꼭지를 영문에서 국한문체로 번역해 《매일신보》 1918년 2월 23일, 26일, 27일, 28일자에 나누어 실었다. 이 책의 제2부(113~130쪽)에 김동성의 국한문체 번역본의 현대어 번역본을 실었다.

김동성은 미국 유학을 마치고 귀국하자마자 1920년 4월에 동아일보사에 입사해 언론계에 첫발을 내딛었다. 그의 만평이 《동아일보》의 창간호 1920년 4월 1일자 3면에 실려 있는데, 동아일보란 글자가 박힌 수건을 허리에 두른 어린이가 까치발로 곧추 서서 손을 위로 뻗어 '단군유지(檀君遺趾)'라는 휘호가 쓰인 액자를 잡으려 하고 있다.

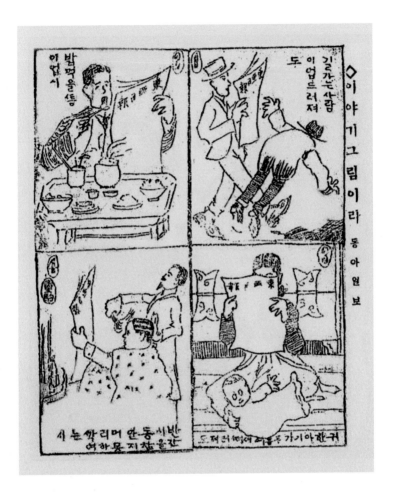

《동아일보》 1920년 4월 11일자 3면에 실린 김동성의 4칸 만화. 김동성은 〈그림이야기〉라는 제목으로 4칸 만화를 한국 최초로 그리며 '만화(漫畵)'라는 용어를 사용했다. 그는 만화에 대한 이론도 깊어 '만화 창작 이론의 효시'로 일컬어진다.

1921년 만국기자대회 참석 당시
김동성이 맨 오른쪽에 있고 미국의 대문호 허버트 조지 웰스
(Herbert George Wells, 1866~1946)가 오른쪽에서 세번째다.

1921년 10월 미국 하와이에서 열린 제2차 만국기자대회에 조선 대표로 김동성이 참석해 부의장에 피선된다. 《동아일보》는 김동성의 만국기자대회 참석에 대해 "이 대회에 의욕적인 움직임을 보이게 된 것은 첫째로 만국기자대회라는 국제회의가 본보를 초청했다는 것이 다만 본보의 명예일 뿐만 아니라 우리 언론계의 광영이 아닐 수 없었고, 둘째로 나라를 잃은 민족에게 국가대표로 초청되었다는 감격, 이런 것이 본보를 흥분시키고도 남음이 있는 일이었던 것이다"고 보도했다. 김동성은 조선 최초 국제기자대회 참석자로서 이 때부터 그의 이름에 '최초'의 수식이 붙기 시작해, 그 후로도 최초의 한국인 한영사전 편찬자, 최초의 군정청 여권 소지자 등 최초의 수식이 이어졌다. "만국기자대회에 아사대표참가", 《동아일보》 1921년 9월 27일 2면(왼쪽)과 "아사대표김동성=부회장에 당선", 《동아일보》 1921년 10월 23일자 3면(오른쪽).

A KOREAN IS PROUD TO SHOW HIS PASSPORT

Kim Dong Sung, presenting his credentials, the first to be issu
by his Government in forty years, on his arrival at San Francisco.
Associated Press Wirephot

SAN FRANCISCO, Oct. 16 (AP)—Bearing the first Korean Government passport issued in forty years, Kim Dong Sung, president of the Korean Pacific Press and the Korean Press Association, arrived today from Seoul aboard the steamship Marine Jumper. Mr. Kim, who was a student at Ohio State University in 1912, foresaw long difficulties for the Korean people so long as Korea is split in two at the 38th parallel, with tl southern half of the nation und the United States and the northe under Russia. The Korean Pacif Press, which Mr. Kim heads, di tributes The Associated Pre world news and photo report southern Korean newspapers. M Kim expects to be in the Unit States several months, visitin Western cities, Chicago, New Yo and Washington.

KOREAN NEWS AGENCY FORMED BY 9 PAPERS

SEOUL, Korea, Dec. 24 (AP)— Press freedom made significant progress in the American-occupied section of Korea today with independent operation of the new Korean news agency, Hapdong-kp. The last two letters, KP, were added for English-speaking purposes, signifying Korea Pacific Press.

The new agency is beginning its independent operation with an arrangement to receive the news of the Associated Press by radio. It is using facilities of the old Japanese Domei agency, which were seized by the American military forces and have been operated under military government supervision.

The American military government relinquished control of the system and turned it over to the all-Korean organization with approval of a recommendation that it be operated henceforth free of control by either the present military government or the new Korean government to be established.

The new agency has nine newspapers and one radio station, and is headed by Kim Sung Dong, publisher of the Seoul Times.

해방 후 김동성은 합동통신사를 설립했고 최초의 군정청 여권 소지자로 미국을 방문했다. 당시 《뉴욕타임스》는 1945년 12월 25일자 기사를 통해 "을사조약 후 40여 년만에 한국정부 발행의 여권을 들고 미국 땅을 밟은 김동성이 감격에 잠겨 AP통신 기자에게 자신의 여권을 들어 보이고 있다"고 보도했다. 해방 후 한국적 여권을 가지고 처음 미국에 입국한 김동성은 한국의 9개 신문사와 1개 라디오의 뉴스를 원천으로 설립한 합동통신을 AP통신과 연계하는 데 성공한다. 김동성은 이때부터 1964년까지 합동통신의 실질적 경영자로서 해방 후 한국의 정치·경제·문화적 상황을 세계에 타전하는 통로 역할을 수행하였다.

신익희 국회의장(맨 오른쪽)과 함께.

큰딸 김옥렬(전 숙명여대 총장)의 미국 유학 직전에 함께.

1950년대 중반 한국의 영어학교 출신자 및 관계자들이 모인 자리로 보인다. 둘째 줄 왼쪽에서 두 번째가 김동성, 네 번째가 신익희, 그 오른편으로 국어학자 이희승이 있다. 신익희와 이희승이 관립한성외국어학교 동창생이며, 김동성은 한영서원 1회 입학생이다. 신익희와 김동성은 1953년 5월 대한민국 대표로 영국 여왕 엘리자베스 2세의 대관식에 함께 참석하기도 했다.

곽상훈 제5대 민의원 의장(오른쪽)과 함께.

번역서 코난 도일의 『붉은실』(조선도서주식회사, 1924) 표지.

저서 『신문학(新聞學)』(조선도서주식회사, 1924) 표지.

『삼국지』(을유문화사, 1960) 책등.

『한문학 상식』(을유문화사, 1949) 표지.

칭기즈칸을 소재로 한 영문소설 *The Great Kahn*(1969)의 출간기념회. 왼쪽부터 영애 김옥렬 여사, 코리아 헤럴드 김봉기 사장, 김동성, 외무부 임병직 대사, 한국일보 유광렬 사장이다.

제1부

김동성의 『동양인의 미국 인상기』(1916)

감사의 말

포니 허친슨에게,

미국에서 머무른 첫 몇 년 동안

우리가 교육을 받을 수 있었던 것은

그분의 헌신적인 노력 덕분이었다.

머리말

그가 떠나온 곳은 벼가 자라나는 평화로운 땅,

평화로운 사람들, 평화로운 하늘,

푸른 들판 언저리 위로

한국의 사랑스러운 푸른 하늘이 펼쳐진 곳.

배움의 웅대한 뜻을 품고 온

기개가 가득하며, 두 눈은 차분하고,

황금의 가슴을 지닌 지극히 현명한 청년,

우리의 김동성 씨!

엉클 샘의 민족이여, 친절히 대하라,

그대들의 친절함을 다해, 설사 거짓이 될지라도,

그를 소중히 대하라!

메리 맥밀런

서문

『동양인의 미국 인상기』는 서구 문명의 사유와 활동과 약점을 포착하고, 이해하고, 그에 적응하는 동양 정신의 다재다능함과 민첩함을 드러내는 작품이다. 저자의 천재성은 본문과 삽화 모두에서 보이는 기발하고 건전한 유머를 통해 한층 더 강조된다. 김동성은 서양 문명의 철학을 기술하려는 것이 아니라―사실, 누가 그런 일을 하려들겠는가?―정확한 판단과 안목으로 서양 문명을 실제 있는 그대로 그려낸다. 동양은 동양이고, 서양은 서양일 것이나, 『동양인의 미국 인상기』는 우리 모두가 동족임을 입증한다.

《신시내티 인콰이어러》 편집장

W. F. 윌리

우리의 미국 여행
Our Trip to America

11월의 어느 아침, 우리*의 기나긴 여행도 드디어 끝이 가까워졌다. 오전 늦게 멀리서 육지의 모습이 보였고, 해안 언덕의 윤곽이 눈에 들어왔다. 누군가 우리에게 뉴욕 시에 다가가고 있는 거라 일러주었지만, 우리는 도시가 어떻게 언덕 위에 있는 건지 의아할 뿐이었다. 가까이 다가가자 놀랍게도 그것은 정말로 뉴욕이었다. 뉴욕의 마천루들이 우리의 맨눈에는 길게 늘어선 산맥처럼 보였던 것이다. 부지불식간에 우리는 고국에서 우리의 신들 앞에서 그랬던 것처럼 자유의 여신상을 향해 모자를 벗어 경의를 표했다.

물론 완전히 똑같은 마음가짐으로 그런 것은 아니지만, 우리를 맞이해줄 안주인에 대한 인사와 존경을 담아 우리는 공손

---

* 김동성은 여행기의 주어를 주로 We로 쓰고 있다. 그의 입국 기록 등을 통해 볼 때 그와 함께한 한국인 일행이 있었던 것 같지는 않으나, 입국할 때나 이후 행로에서 매번 함께 한 동행인들이 있었던 것은 사실이다. 어쩌면 종교인이었던 저자가 관례적인 겸양의 표현으로 '나'가 아닌 '우리'를 썼던 게 아닌가 싶다.

히 머리를 숙였다.

콜럼버스도 우리보다 더 행복하지는 않았으리라. 미국을 향해 항해한 지도 두 달이 되었으나, '노이즈빌-온-허드슨'*의 기슭에 발을 디디기 전까지 우리는 실제 미국이란 곳이 있다는 사실을 좀처럼 믿지 못했던 것이다. 그리고 우리는 '왔노라, 보았노라'라는 짤막한 라틴어 문구를 떠올렸다. 마지막 부분**만은 앞으로 두고 봐야 알 것이니 남겨두었지만.

우리는 두 가지 이유에서 하느님께 깊은 감사를 드렸다. 첫째는 대양을 건너고 지구를 반이나 돌아온 곳에 있는 먼 땅의 국가와 인종과 직접 접촉할 수 있었다는 점이다. 둘째는 현대적인 편의 시설을 갖추고 여행할 수 있었다는 이점이다. 3등 선실처럼 단 하나의 선실만 있었다면, 우리는 지저분하고 보기 싫은

---

* noiseville-on-hudson, '허드슨 강변의 소란스러운 마을'이라는 뜻으로 뉴욕을 유머러스하게 가리키는 저자의 표현이다. O. 헨리가 뉴욕을 가리켜 "little old noisyville-on-the-subway"("The Duel," in *Strictly Business*, 1910)라고 쓴 적이 있는데, 저자가 이를 인유한 것인지는 알 수 없다.

** '이겼노라'를 뜻한다. '왔노라, 보았노라, 이겼노라'라는 유명한 라틴어 경구인 Veni, Vidi, Vici는 율리우스 카이사르가 기원전 47년 폰토스의 파르나케스 2세와의 전쟁에서 승리한 직후, 로마 시민과 원로원에 보낸 승전보에서 유래한다.

객실에서 이민자 무리들과 뒤섞이느니, 시시하고 평범한 사람으로 남더라도 고국에 머물러 있는 쪽을 택했을 것이다.

어떤 권리로 우리는 외부에서 이곳을 방문해 이 거대한 연방 국가의 모든 문명을 즐길 수 있는 것인가? 로마는 하루아침에 세워지지 않았으며 미국도 마찬가지다. 이 나라 선조들이 겪었던 지속적인 곤경과 헌신적인 노력이 있었기에, 비로소 이 경이로운 업적은 이러한 수준의 문명이라는 결정체를 이룰 수 있었던 것이다.

우리가 이 낯선 땅에 온 것은 어느 제조 회사의 힘을 빌려서가 아니며, 포로나 정복자로서 온 것도 아니다. 우리의 목적은 대학 교육을 통해 축적된 현대의 지적 분위기를 흡수하는 것이다. 이 새롭고 자유로운 세계에 머무르는 동안 우리 미국 친구들이 보여준 환대에 대해서는 어떤 말로도 진정한 감사와 감탄을 표할 수가 없다.

도시

City

평범한 사람인지라 우리에게는 정부나 유명인들보다 소음과 사람들과 건물이 더욱 흥미로웠다. 우리가 미국에 대해 품었던 꿈과 상상은 실제로 보는 것과는 달랐는데, 국내에 들어온 기사들을 통해 싱어 빌딩* 같은 거대한 건물들을 익히 알고는 있었으나 그런 건물을 건축하는 게 가능하리라고는 생각지 못했던 점이 그랬다. 밝고 화창한 대낮이었음에도 우리가 보기에 그 높은 건물들은 모두 다소간 엇비슷해 보였으며, 그래서 존슨-제프리스 시합**의 노래의 작곡가가 "어떤 것들은 어둠 속에서 비슷비슷해 보인다"고 했던 것은 꼭 옳은 말은 아니라는 생각이 들었다.

---

* 1908년 맨해튼에 건축된, 재봉틀 회사로 출발한 싱어 사의 본사. 높이 187미터, 47층이었으며 1968년 철거되었다.

** 1910년 최초의 흑인 헤비급 권투 챔피언 잭 존슨과 '백인의 큰 희망'이라 불린 옛 챔피언 제임스 J. 제프리스가 맞붙은 시합. 이는 '세기의 싸움'이라 불렸고 인종 간 대결이라는 면에서 엄청난 관심을 끌었으며 시합이 존슨의 승리로 끝나자 인종차별주의자들이 폭동을 일으키기까지 했다.

길 양쪽의 서두르는 군중들, 끊임없이 팔다리를 움직이는 덩치 좋고 키 큰 교통경찰들, 자동차, 전차, 지면으로, 고가도로로, 심지어 지하로 다니는 차들, 온갖 종류의 탈것들, 경적 소리, 덜컹대는 소리, 그 밖에 천 가지 다른 것들이 현대 미국 도시에는 동시에 존재했다.

배우면 배울수록 우리는 우리의 지식이 부족함을 깨닫는다. 고향 동네에 있을 때에는 우리가 꽤 많이 안다고 생각했다. 곧 우리는 우리가 아는 것이 매우 적음을 알게 되었고, 거대한 대도시에서 우리는 도무지 어찌할 바를 몰랐다. 우리는 무엇을 하는지는 알아도 어디로 가는지 몰랐고, 그 반대이기도 했다. 결국 우리는 넓은 바다의 물 한 방울에 불과했다. 도시의 소란스러운 간이식당의 소용돌이 안에서는 누구도 우리에게 신경 쓰지 않았고 우리를 알아보지 못했다.

시골 생활
Country Life

미국의 시골 같은 곳은 그 어디에도 없다. 이따금 미국 시골의 언덕과 바위와 시냇물은 우리 고국에서 이식해 온 것처럼 여겨졌다. 아니면 기적처럼 우리가 고향 땅으로 훌쩍 옮겨 간 것처럼. 우리는 자연이 온대 지방의 세상을 거의 닮은꼴로 만들어주었다는 사실에 감동했다.

여름날의 푸른 들판이나 겨울의 눈 덮인 빈터는 자연의 천재성이 빚은 완벽한 예술 작품이다. 먼 목초지에서 들려오는 소방울 소리나 농가 마당의 가금류 울음소리가 참 좋았다. 우리는 즐겁고 소박한 시골집들에서 버터밀크와 달콤한 사과주를 즐겼는데, 가족 성서 낭독 시간을 정하고 신심 깊이 준수하는 집들이었다.

그렇지만 아아! 피 끓는 젊은이들이 이 조용한 곳에서 달아나려는 것을 그 누가 막을 수 있겠는가? 전기 조명, 자동차, 사람들, 극장에 이끌려 젊은 세대는 거의 모두 대도시로 나갔다. 야심이 덜하거나 덜 세속적인 이들만이 고향에 남겨졌다.

시골에서 도시에 비해 두 배에 달하는 물질적 부를 축적할 수도 있다. 허나 그들은 시내 전차를 타고 "앞으로 나가시오!"
라고 외치는 편을 더 좋아했다. 그러나 자동차가 적시에 등장하
여 시골에서 도시로 가는 이주의 물결을 어느 정도 가라앉혔다.
물론 미국인의 삶을 이끌어가는 지도자들 대부분은 한때 이주
의 무리에 끼어 있던 사람들이다.

교회 다니기
Church Going

경이롭고 놀라운 일들과 더불어, 우리는 상당한 실망을 안겨준 장소와도 만나게 되었다. 고국에서 우리가 나가곤 했던 기도회에는 일요일만큼이나 많은 이들이 참석했었다. 그러나 이곳 미국에서는 주중 예배에 충실한 신도들만 손꼽을 정도로 출석했다. 첫 번째 기도회에서 우리 목사는 자신이 주(州)에서 최고 규모의 기도회를 집도했다고 했으나, 참석한 군중은 상당히 적었다. 하지만 그 목사는 대단히 힘 있고 착실하며 호감 가는 사람이었다. 자신의 주에서 아주 특별한 지위에 있는 지도적 인물이었음에도, 목사는 주중 기도회에 사람들을 나오게 하지는 못했다.

오하이오 주의 어느 교파 소속 대학에서, 한번은 남학생들이 미국에 갓 온 페르시아 학생과 함께 교회에 갔다. 물론 이 외국인 학생은 미국의 관습에 익숙지 않았다. 그는 다른 청년들이 하는 대로 뭐든 따라 했다. 그런데 도가 지나쳤다. 예배가 끝난 후, 그는 청년들이 아가씨들을 집까지 바래다주는 것을 보았고, 그래서 예의 바르게 한 아가씨 곁으로 다가가 바래다주려 했다.

그의 시도는 그리 성공적이지 못했다.

그렇다면 젊은이들은 여신들의 전능함을 찬양하기 위해 교회에 다니는 것인가? 우리가 생각하기에는, 정말 여신을 찬양하는 것이라 해도 조금 더 독실한 신앙심을 보이는 게 좋지 않을까 싶다.

한번은 여행 중 찾았던 어느 교회에서 빨리 나가기 위해 맨 뒷좌석을 골라 앉았었다. 하지만 우리 뜻대로 되지는 않았다. 누군가가 우리를 따라 나와 악수를 하면서 다시 들어오라고 청했기 때문이다. 우리로선 별로 달갑지 않은 초대였다. 중요한 것은 대여섯 명의 사람들이 둘러서서 친근하게 등을 두드리며 다시 와달라고 청한다고 해서 교회에 나가는 것이 아니라는 점이다. 교회에 나가는 것은 우리 양심의 지시를 따르는 일이 되어야 한다.

미국의 가정
An American Home

미국의 가정은 이 시대의 가장 훌륭한 제도다. 미국인은 자립, 다시 말해 아버지나 삼촌의 도움을 받지 않고 스스로의 장점을 살려 독립하는 것을 중요히 여긴다. 장남이건 차남이건 삼남이건 마찬가지다. 물론 이상적인 가정의 자녀는 둘 이하이지만.

이러한 정신이 가정에 들어와 있었으며, 청년은 가정을 꾸리기 전에 어떻게 제 밥벌이를 할지를 잘 알고 있었다. 그러므로 유럽이나 아시아의 경우처럼 그가 배를 곯을 위험은 없었다.

우리는 그가 일찍 일어나 난로에 불을 때는 것을, 아내와 두 아이와 함께 아침식사로 뜨거운 커피와 비스킷을 드는 것을, 일터를 향해 집을 나서면서 가족에게 키스하는 것을 보았다.

가정이란 그저 네 벽이 둘러싸고 지붕이 얹힌 곳을, 혹은 뉴포트의 별장이나 허드슨의 성을 뜻하는 것은 아니다. 진정한 가정은 신을 경외할 줄 아는 평화로운 가족으로 이루어져 있다. 잉거솔 대령은 다음과 같이 말했어야 했다. "나는 차라리 미국의 농부이길 바라리라, 문가에 포도 덩굴 자라는 방갈로에 살고, 가을 햇살의 요염한 입맞춤에 포도는 보랏빛으로 익어가리라. 나는 차라리 그 사내가 되리라, 사랑하는 아내가 내 곁에 있어, 하늘이 저물어갈 때 놀고 노래하며, 무릎 위에선 아이들이 내 목을 껴안고 있는. 그리고 나 평안히 잠자는 흙의 말 없는 침묵으로 사라지리라, 이 골치 아픈 세상의 군주며 지배자가 되기보다는."*

---

* 미국 남북전쟁 참전 용사이자 정치 운동가였으며 불가지론자로 이름 높았던 로버트 G. 잉거솔(1833~1899)의 「나폴레옹의 무덤을 방문한 뒤」의 몇 구절을 바꾼 것이다. 나폴레옹의 무덤에서 느낀 세속적 권력의 허망함과 그의 야심이 낳은 전쟁의 상처들을 그린 글로, 원문은 '미국의 농부'가 아니라 '프랑스의 농부'라 되어 있으며 몇 구절의 표현이 조금씩 다르다.

춤
Dancing

우리가 처음으로 서양식 춤을 본 것은 프린스 아이텔 프리드리히 호[*] 선상(이 배는 나중에 뉴포트 뉴스 항에 억류된다), 푸른 인도양에서였다. 명랑한 춤의 빙글빙글 도는 동작은 독일 밴드의 연주와 어울려 즐겁고 유쾌한 저녁을 선사했다. 바다는 평온하고 날씨는 더할 나위 없이 좋아, 한없이 드넓은 바다에서 누릴 수 있는 최고의 여흥이었다. "경솔하고, 느긋하고, 자유분방하고 젊었기에, 나는 웃고 춤추고 이야기하고 노래했다."[**]

이 공주는 얼마나 명랑한 아가씨였을까. 하지만 우리로서는 그리 관심이 없었다. 미국을 보기 한참 전부터도 우리는 전형적인 조용한 남(南)감리교 신자였으니까.

고국에서는 점잖은 이는 아무도 춤추지 않았다. 이따금 무

---

[*] 독일 황제 빌헬름 2세의 아들 아이텔 프리드리히의 이름을 딴 독일 여객선. 제1차 세계대전 중에는 지원 순양함으로 쓰였으며, 작전 중 1915년 3월 연료 부족과 엔진 노후로 중립국인 미국으로 향해 본문에 나오는 것처럼 뉴포트 뉴스 항에 억류되었다.

[**] 영국 왕 조지 3세의 딸 아멜리아 공주의 말.

희를 고용하는 일은 있었다. 물론 춤이 대단한 신체 운동인 것은 사실이다. 하지만 남녀가 한데 어울려 몸을 흔들어대지 않고, 혼자 혹은 남자는 남자끼리, 여자는 여자끼리 춤추면 안 되는 것인가?

빌리 선데이*는 "남자가 제 아내와 춤을 춰야 한다면, 차라리 달빛 아래 옥수수 껍질 벗기는 일을 할 것이다"라 말했다. 한편, 남성이 춤을 비난하는 것은 잔혹하다고 하는 이도 있다. 여성처럼 집안에 갇혀 있지 않아 무엇이든 마음 내키는 대로 할 수 있는 남성과 달리, 여성에게는 춤이 유일한 즐거움이기 때문이다.

춤을 비난하는 것은 잔혹한 일인가? 언젠가 우리 아내가 무도회장의 아무나와 혹은 모두와 춤을 추겠다고 고집을 부린다면, 이 평등한 권리의 시대에 우리가 뭘 어쩔 수 있겠는가? 그녀의 취향은 어떨까, 투스텝, 왈츠, 폭스트롯, 그리즐리 베어, 버니 허그, 와들, 토들, 아니면 그냥 평범한 탱고일까?

---

* 윌리엄(빌리) 선데이(1862~1935). 1880년대 유명한 미국 야구 선수였다가 복음주의파로 개종한 뒤 복음 전도자로 유명해진 인물.

자동차

Automobiles

아끼던 말(馬)이 없었다면, 고대의 장군들이 역사 속에서 그토록 많은 페이지를 차지할 수는 없었을 것이다. 하지만 20세기 초인 지금, 말이라는 동물은 새로운 땅에서 자동차라는 경쟁자를 만나게 되었다.

미국인의 두뇌가 개발한 다른 많은 편리한 것들처럼, 이 새로운 형태의 탈것은 유람 자동차에서 다목적 트럭에 이르기까지 교통의 모든 분야에서 아주 유용해졌다. 자동차는 버섯처럼 빠르게 성장했지만, 전 인류가 지상에서 사라지지 않는 한 계속 남아 있게 되었다.

자동차는 소유주에게 광고 대행사나 마찬가지다. 사람이 제 차에 탄 모습을 보면 우리는 그의 지갑이 얼마나 두툼한지 파악할 수 있다. 택시를 타고 있는 게 아니라면 말이다. 다시 말해, 차는 그 소유자의 재산 수준을 따라간다. 재산이 많을수록 차도 값비싸진다.

가스 밸브를 활짝 열고 고성능 자동차로 한껏 속도를 내는 것은 무엇과도 비교할 수 없는 즐거운 기분이었다. 하지만 우리는 다른 이들보다는 더 주의를 기울였다. 자동차는 자칫하면 갑작스러운 죽음과 심한 부상을 일으키는 수단이 되기 때문이다. 난폭 운전의 시대가 오기 전에는 뉴스거리를 수집하는 일이 언론의 어려운 일거리였다. 반대로 지금은, 일요일 오후면 사고가 너무나 많이 나기 때문에 많은 건수가 간과되어 보도되지 않는다. 어떤 이들은 그야말로 제 무덤을 향해 돌진하는 셈이다. 그러나 이것 역시 '양키 푸시(Yankee Push, 미국인의 저돌성)'라 할 수 있을까?

옷
Dress

미국인들은 분명 세계에서 가장 옷 잘 입는 이들이라 보면 맞을 것이다. 우리가 보기에 그들은 아주 못나게 생긴 것은 아닌데도 옷이 날개라고 믿는다. 50달러의 자본금을 가진 젊은이에게 주어지는 충고는 그 돈의 반을 옷에 투자하라는 것이다. 미국 아가씨가 다른 일에서는 옷에서만큼 변덕을 부리지 않는 것은 참 다행스러운 일이다. 옷이 아무리 비싸든, 아무리 마음에 들든 간에, 같은 옷을 두 번 입는 일은 거의 없었다. 스타일이 너무 자주 바뀌는 턱에 재단사가 새로운 스타일에 대한 수요를 따라갈 수 없을 정도다. 무슨 수를 써서라도 자매들과 뭔가 달라 보이기 위해 독특함과 개성을 추구했다. 모자와 드레스를 비롯해 모든 것에서 최첨단의 패션을 찾았다. 그녀의 가장 큰 목적과 야망은 남성들의 눈에 매력적으로 보이는 것이다.

최근에 귀환한 한 선교사가 이교도들은 옷을 입는 추세인데 미국 여성들은 옷을 벗고 있다는 얘기를 했다. 줄루족은 아직 문명화되지 않은 부족이지만 자연 그대로의 알몸을 과시하고 다니지는 않는다. 과거에 그들이 나체 생활을 했던 것은 단지 옷이 없었기 때문이었다. 미국에서는 일각에서 목이 깊게 파인 드레스를 부도덕하다고 여기던 시절이 있었는데, 일전에 어느 무언극을 보니 여주인공이 카드 테이블에서 등이 거의 훤히 다 보이는 차림을 하고 등 한가운데의 큰 사마귀를 드러내며 사교계 여인 역할을 했다.

개구리 다리
Frog Legs

"칭크, 칭크, 중국인, 중국인은 쥐를 먹는다네." 어느 도시의 가난한 동네를 지나가다가 무지한 아이들의 입에서 이런 소리를 들었다. 늘 있는 일이지만, 우리는 '칭크' 혹은 '잽' 취급을 받는다.* 불운하게도 천조(天朝)** 땅에서 태어나지 못한 탓에, 우리는 쥐 고기를 맛보는 기쁨을 누려보지 못했을 뿐더러 2년간 중국에서 수학하는 동안 그런 호화로운 만찬을 드는 이를 본 적도 없다. 어쨌거나 미국 아이들의 귀에는 그런 이야기가 익숙하다. 하지만 우리가 가장 대단하다고 여긴 것은, 고국에서는 식용이 아니던 개구리 다리가 이곳에서는 미국 메뉴의 최고 유행 요리 자리에 올라 있다는 점이다.

솔직히 털어놓자면 우리도 한번 그런 연회에 참석해 무척 맛있게 먹은 적이 있다. 하지만 이내 개구리 다리에 대한 선입

---

* 칭크(Chink)는 중국인, 잽(Jap)은 일본인을 가리키는 속어로 업신여기고 비하하는 모욕적인 표현이다.

** 중국을 가리키는 별칭. 청나라 때까지의 중국 왕조를 일컫는다.

견이 되살아났고, 우리는 인적 없는 곳으로 달려가 어떻게든 뱃속에서 그것을 꺼내려 했으나, 너무 늦었다. 개구리 다리는 무사히 복부 깊이 안착했던 것이다.

우리는 등에 벼룩이 있는데 발도, 입도, 꼬리도 닿지 않아 난처해하던 주인집 아주머니의 스패니얼 개만큼이나 속수무책의 처지였다.

　나중에 우리는 잘 만든 타타르 소스를 곁들여 개구리 다리를 제대로 즐길 줄 알게 되었고, 타고난 시인이나 되는 것처럼 거만하게 시 한 수를 인용하고픈 기분이 들었다.

오, 동양과 동양, 서양과 서양,

이 둘은 언제고 만나리라

신의 위대한 심판의 자리에

하늘과 땅이 놓이기 그전에도.[*]

—키플링에게 사죄하며

---

[*]　러디어드 키플링이 쓴 「동양과 서양의 발라드」의 첫 두 행을 패러디한 것. 원문은 다음과 같다.
　Oh, East is East, and West is West, and never the twain shall meet,
　Till Earth and Sky stand presently at God's great Judgment Seat;
　오, 동양은 동양이고, 서양은 서양이니, 이 둘은 결코 만나지 못하리라
　신의 위대한 심판의 자리에 하늘과 땅이 놓일 그날까지는

사고
Accidents

누군가 우리에게 그가 본 우리나라 사람들은 어째서 모두 그렇게 육체적으로 건강하냐고 물은 적이 있다. 그의 말인즉슨 왜 우리에겐 다리 부러진 데가 없으며 팔도 멀쩡하냐는 뜻이었다. 쉽게 대답할 수 있는 질문이었다. 우리에겐 미국에서 본 것과 같은 온갖 기계며 이동수단이 없기 때문이다. 이곳에서 급히, 저곳에서도 급히, 모두가 서두른다. 15분 만에 기차를 잡고, 5분 만에 일어나고, 5분 만에 식사하고, 나머지 5분 만에 뛰어간다. 그러면서도 이 불멸자들은 므두셀라*가 어떻게 696년을 살았으며 노아가 595세라는 존경받을 만한 나이에 이르렀는지를 놀라워한다.

어느 여름, 우리는 레이크쇼어(철도)선을 이용해 뉴욕 주로 가고 있었다. 갑자기 열차가 끼익 소리를 내더니, 불쾌한 가스

---

* Methuselah, 구약성서에 나오는 인물로 노아의 할아버지이며 창세기에 따르면 969세까지 살았다고 한다.

냄새가 객실 안에 퍼졌고, 무시무시한 폭발이 일어나 열차가 멈췄다. 크게 놀란 와중에 우리는 자동차 한 대가 기차가 달리던 선로에 멈춰 서 있었다는 사실을 알게 되었다. 차는 기차와 정면충돌하여 좀 떨어진 곳으로 나가떨어졌다.

물론 선로를 달릴 권리는 기차에게 있지만, 우리 기차가 엔진이 멎은 채 서 있는 불쌍하고 무력한 차를 들이받은 것은 무자비하고 잔혹한 일이었다. 다섯 명의 탑승객 중 두 명은 무사히 뛰어내렸고, 나머지 이들은 우리 기관차의 운전사와 함께 저세상으로 갔다. 우리는 므두셀라나 노아도 자동차를 운전하다가 특급열차와 정면으로 마주친 적이 있을까 궁금해했다.

우편배달부
The Postman

미국인들은 생활의 모든 분야에서 근면한 노동자지만, 개중에는 남들보다 특히 더 부지런한 이들이 있다. 이들 대부분은 기계나 그 비슷한 것을 이용해 일하지만, 우편배달부만은 인공적인 수단을 전혀 이용하지 않고 매일같이 이 집 저 집을 돌아다녔다.

이름은 알지 못했지만 우리는 우편배달부가 우리의 가장 절친한 벗이라고 여겼다. 우리 어머니와 전 세계 친구들의 소식을 전해주니 말이다. 우리는 길을 걸어오는 그의 모습을 간절히 기다렸고, 아무리 자주 와도 모자랐다. 한때 우리는, 낯선 환경에 온 외국인이니만큼 우편배달부의 방문을 반가워하는 것은 우리뿐일 거라 생각했다. 그러나 이내 잘못된 생각이었음을 알게 되었다. 요람을 벗어날 만큼 나이 먹은 이라면 누구나 우편배달부가 현관에 멈춰 서는 것을 무척 기뻐했다. 이 우편배달부는 최근 편지 뭉치 말고도 우편엽서, 정기간행물, 그리고 아리따운 아가씨에게 보내는 초콜릿 상자나 도시 소비자를 위한 달걀 한 바구니처럼 제법 묵직한 우편물들도 갖고 다녔다. 그럼에

도 이 충실한 친구는 불평 한마디 없이 무거운 짐을 짊어지고
맑은 날이든 비오는 날이든 대로와 골목을 누비며 거리 한쪽의
집들을 차례로 방문하고, 이어서 다른 쪽의 집들을 방문한다.
그는 도시에서 제일 환영 받는 인물이며 미국에서 가장 큰 즐거
움을 안겨주는 이이다.

사랑
Love

사랑은 어떤 이의 눈에도 보인 적 없으며,

인간의 손가락에 직접 닿은 적도 없으니,

어리석음에 이끌린 많은 이들은

사랑이란 별 볼 일 없는 것이라 생각하게 되었다.

— 시먼드의 번역에서

우리는 사랑이란 별 볼 일 없는 것에 지나지 않는다고 믿게 된다. 우리 고국에서는 부모가 젊은이들의 배우자감을 골라 주므로 젊은이들은 사랑하는 법을 배워야 하는데, 미국은 정반대의 상황이다. 젊은이들은 대단한 자유를 누리고 있어서, 그러고 싶다면 스스로가 선택한 이와 사랑의 도피를 할 정도다. 하지만 미국에서는 이런 적극적인 사랑 고백에 아가씨들도 예외가 아니다. '독신 남자'가, 현대 가정에서 요구하는 수준을 충족시키지 못하는 대단찮은 수입을 가진 남자를 극히 온건히 표현한 말이 된 것도 이 때문이다. 이웃보다 조금 더 재산이 많은 이가 있다면, 동네에서 제일가는 미녀가 그를 먼저 선택한다. 그녀가 우생학을 배우는 학생이 아니라면 말이다.

좋은 남편이 되기 위한 젊은 남자의 자격 조건은 세 가지다. 첫 번째, 신붓감의 끝없이 변하는 의상 스타일을 감당할 수 있을 만큼 주머니가 두둑해야 한다. 두 번째, 외모가 출중해야 한다. 마지막으로, 그녀를 사랑해야 한다.

우리의 학교 룸메이트인, 세상에서 제일 유쾌한 친구가 교회 모임에서 성직자가 되겠다는 결심을 발표했다. 그때 그와 친한 아가씨가 보인 얼굴만큼 실망한 표정은 한 번도 본 적이 없다. 그녀는 전도사가 아내를 위해 쿠페형 자동차를 둘 수 없다는 것을 잘 알았기 때문이다.

여성 참정권
Woman Suffrage

평균적인 미국 여성의 지성은 다른 나라 여성들보다 훨씬 탁월한 것 같으며, 비유적으로 말하자면 여성들은 사실상 미국의 지배자다. 언제나 여성이 먼저다. 5센트를 내고 탄 전차에서 우리가 좌석을 차지할 수 있는 때는 거의 없다. 밥벌이를 하는 것은 남성인데도, 여성은 남성들을 완전히 지배한다.

"알, 잠자리에 들기 전에 나가서 우유병 내놓았는지 좀 봐요, 프리치가 집에 들어왔는지도 꼭 확인하고요."

왜 남성들이 투표권처럼 사소한 것을 여성들에게 내주기를 주저하는지, 도저히 모를 일이다. 다수의 주에서 머지않아 여성에게 참정권을 부여한다며 기사도 정신을 뽐내고 있기는 하지만 말이다. 몇몇 여성은 소위 '자격이 충분한' 정치가들보다 공직에 더 적합하다. 이런 점에서 몇몇 남성은 밥줄을 잃게 될까 두려워했다.

그러나 미국 최고의 인물들이 정계에만 있는 것은 아니다. 우리가 알아본 바로는, 경제 문제가 아주 중요하다. 지금 남성들은 여성용 모자 가게의 청구서에 파묻혀 있는데, 여성에게 투

표권을 준다면 여성들은 바느질 모임과 추수감사절 준비를 그만두고, 선거운동 여행이며 연설에 나서게 될 것이다. 물론 선거운동 자금은 추수감사절이나 브리지* 모임 경비보다 더 많이 나갈 것이다.

머지않아 이루어지게 될 일이다. 어째서 그저 논쟁거리로만 그칠 것이 아니라 대의 그 자체를 위해, 참정권을 지금 당장 줘버리지 않는가? 아내가 연단에 올라가 있는 동안 아이들을 돌봐야 한다 해도 말이다.

---

* 네 명이 두 편으로 나뉘어 하는 트럼프 카드 게임.

대학 사교 모임
College Socials

이미 전해 들은 것처럼, 오벌린 대학에서 여학생들을 위한 고등교육부를 시작했기에, 수줍음 많은 남학생이 대학에서 바로 앞자리에 앉은 아리따운 여학생의 모자 깃털 장식에 얼굴을 간질이는 일을 피할 길은 거의 없어졌다.

이 여학생은 무슨 수를 써서라도 애인을 만들겠다는 생각이다. 남학생이 풋볼 경기를 하든, 남학생 클럽 회원이든, 싸구려 쇼의 단골손님이든, 그녀는 그의 미끼가 된다. 그 결과 집들이 모임이며 무도회가 열린다.

우리가 남부의 한 대학에서 '준비반' 과정에 있었을 때, 이웃 대학에서 초청장이 왔다. 그 모임은 졸업반 학생들의 연례 행사로, 남부에서 가장 근사한 이들이 모이는 자리였다. 우리는 새로운 생활의 충격과 흥분에서 아직 깨어나지 못했고, 대학의 오락 행사라고는 거의 몰랐다. 아마 그래서 초청장을 보내준 것이리라.

다음날 '황소 발(Bullfoot)'이라는 별명을 가진 한 선배가 몹시 부러워하며 자신은 5년간 대학에 다녔는데도 그 학교의 연회실은 한 번도 본 적이 없다고 말했다. 얼마나 우스꽝스럽던 지! 그는 꼬마 소녀가 언니의 '여름용' 모피를 부러워하는 것처럼 우리를 부러워했다.

대학 생활
Campus Life

어느 독일 학자가 자신은 배움의 왕국의 양이라고 말한 바 있다. 그는 그렇게 하라는 명을 받았기에, 그리고 다른 이들도 앞서서 그렇게 해왔기 때문에 공부를 한다. 그리하여 이 천진한 표정의 어린 양들은 캠퍼스에 무리 지어 태평스러운 목소리로 떠들어대기 시작한다. "만세! 만세! 다들 여기 모였다!"* 이런 노래와 고함 소리는 우리 청춘의 가장 즐거운 날들의 달콤한 추억으로 평생 기억에 남으리라. 자신도 뒤통수에 작은 모자를 60도 각도로 비뚜름히 쓰고, 양쪽 다리에 서로 다른 요란한 색의 스타킹을 신었던 경험이 있는 이만이 이런 사실을 제대로 이해할 것이다.

우리의 첫 경험은 한참 남부의 딕시 대학교에서였다. 규모는 작지만 수준은 최고이며, 남부의 가장 자부심 강한 가문들의 명랑한 자제들이 다니는 곳이었다. 그러나 그 친구들은 인간미가 넘쳤으며 한 지붕 아래서, 한 식탁 위에서 우리와 즐거움과

---

* 〈헤일, 헤일, 더 갱스 올 히어(Hail, Hail, the Gang's All Here)〉라는 미국의 유행가.

유머를 아낌없이 나누었다.

그런 다음 우리가 '노처녀'라는 별명으로 불렀던 룸메이트와 나는 등불의 기름이 다 탈 때까지 밤참을 곁에 두고 따로 시간을 보내곤 했다. 세레나데, 집회, 셔츠 퍼레이드, 모닥불 놀이 등이 차례로 이어졌고, 그러다가 할로윈이나 만우절이 오면 우리를 위해 달콤한 음식이 만들어졌음을 온 힘을 다해 기념했다.

어느 한밤중 룸메이트와 나는 본관 최고층까지 올라가 창문 가로대로 들어가 떠돌이 일꾼(hobo) 친구인 맥을 보러 갔다. 그는 학교 근처 지대에서 이승을 하직했고, 생리학 교수가 시장의 허가를 얻어 그를 건물에 옮겨다 놓았다. 한 수업에서 독점적으로 그를 해부하게 되어 있었다. 우리는 그를 보고 싶었지만, 허가를 받지 못한 터였다.

모험은 성공적이었고, 우리는 교수에게 받게 될 벌점도 피했다. 우리가 직접 보고 싶었던 맥이 거기 있었다. 그는 뱃속을 드러낸 채, 우리를 반기는 말 한마디 없이 방 가운데의 테이블 위에 누워 있었다. 세상을 떠난 이였으니 말이다. 맥처럼 단순한 떠돌이 일꾼이든, 러시아의 강력한 차르이든, 인간의 안에는 무엇이 있는가? 그는 죽었으며 지상으로 되돌아왔다. 스릴, 스릴, 스릴.

야구

Baseball

전차에서 우리는 어느 젊은이가 옆 사람에게 무슨 일을 하냐고 묻는 말을 들었다. 질문을 받은 이는 대답했다. "다이아몬드를 자르고 있소." 그래서 우리는 그가 불운한 벨기에 피난민인가 보다 생각했는데, 이내 그가 야구장 잔디를 깎는 일꾼임을 알게 되었다.

야구는 미국의 모든 스포츠 중 가장 인기 있다. 봄이 되어 날씨가 좋아지기 시작하면, 온 국민, 야구 선수들, 나이를 불문한 팬들은 크게 흥분해 야구에 열광한다. 로마인이 내셔널리그 날이나 월드시리즈 기간에 야구장을 본다면, 분명 청중이 북적대는 포럼에서 보냈던 지난날을 그리워하게 되리라.

프로 선수들은 스피드와 도루 능력에 따라 상당한 금액의 보수를 받는다.

많은 소년이 언젠가는 크리스티 매튜슨, 월터 존슨, 휴이 제닝스가 아니라면 미국 대통령이라도 되겠다는 야망을 품는다. 대통령 본인도 게임을 무척 좋아해서 종종 야구장에 나와 월드시리즈나 비슷한 경기에서 프로 야구 선수를 따라 하며 시

구를 한다.

결코 사라지지 않는 세상의 많은 좋은 것들처럼, 야구 역시 70년이나 된 경기임에도 계속 인기를 누릴 것이다. 사실, 야구의 인기가 더욱 커지고 인류의 운명과 줄곧 함께할 것이라 보는 편이 옳겠다.

풋볼
Football

경기장에서 태클과 킥을 하는 프로 선수들이 있기는 하지만, 미국에서 풋볼은 명백한 대학 스포츠다. 우리에게 풋볼은 경기 중의 경기다. 유일한 경쟁 상대는 야구인데, 기쁘게도 이 두 경기는 결코 서로 방해하는 일이 없다. 풋볼은 가을에, 야구는 봄에 개최되기 때문이다.

야구 선수가 공을 펜스 너머로 쳐내어 여유로이 홈런을 치는 것을 보기보다, 풋볼 선수가 적진을 성공적으로 돌파하여 터치다운을 하거나 드롭킥 하는 장면을 보는 게 더 좋다. 풋볼에는 청춘의 힘과 활력 전부가 요구된다. 풋볼은 원기 왕성한 삶을 사는 거인의 경기다.

섭섭하게도 우리는 이 남자다운 경기에 한 번도 참여해본 적 없다. 라인을 돌파할 만큼 체격이 좋지 못하기 때문이다. 하지만 가족 경기인 테니스는 좀 배워야 했다.

우리는 옥외 관람석의 어느 관중만큼이나 풋볼에 열중하고 열광했다. 우리는 거기서 셔츠 퍼레이드가 행진할 때 인파 속에 끼어들었다. 터치다운을 해낸 덩치 좋고 강인한 친구는 그

날의 영웅이었고 여학생들의 우상이었다. 그에겐 영광과 승리의 관이 씌워졌으나, 그의 승리는 거기에, 오직 거기에만 있었다. 한 5년쯤 지난 다음 모교로 돌아간다면, 끝없이 변하는 학생 구성원들 틈에서 어리둥절하게도 그는 완전히 잊혀질 것이다. 그를 향한 시선들도 사라져 그는 한낱 행인과 다름없는 존재가 될 것이다.

그렇게 시간은 흘러가고, 동쪽에서 날이 밝아와 해가 떴다가는 서쪽 하늘로 지고, 다시 동쪽에서 달이 뜬다. 지구는 인간이 어떤 활동을 하는지에는 전혀 관심도 없이 줄곧 돌고 있으므로.

대통령
President

미국이 공화국이라는 것은 알았지만, 나라의 최고 책임자를 4년마다 선출하는 일이 가능하다고는 믿을 수 없었다. 그는 우리가 고국에서 보았던 왕과 황제들처럼 중심과 권위를 체현하는 존재가 아니었다. 그는 완전히 사심 없는 동기를 지닌 국민의 심부름꾼에 불과했다. 그가 민중의 하인이라 해도, 우리는 그 점을 이해할 수가 없었다. 우리는 하인을 대를 물려가며 두는 데 익숙했는데, 그는 동등한 능력을 가진 다른 이에게 자리를 물려주고 떠나게 되어 있기 때문이었다. 너무나 진실 같아서 믿기가 어려웠다.

평범한 옷을 입은, 왕관 없는 왕인 대통령을 볼 기회가 없는 고국의 친구들에게, 종종 교통경찰관이 속도 규정을 어겼다고 대통령을 잡아갈 수 있다는 사실을 알려주고 싶다. 다른 평범한 사람들에게 그러듯 말이다. 대통령 정부의 형태는 여러 나라의 경이로움이다.[*] 세계의 유명인들 중 미국을 '천상의 공화국'이라 부르는 이가 없는 것은 어찌 된 일일까?

* 하비 보애즈(Harvey Boaze)의 *The wonder of nations, America and Americans*(1894)에서
따온 표현으로 보인다.

남부
South

저 긴 보랏빛 틈새가 난 저편의 구름

내 마음에 생생하구나,

삼십 년 전 남겨두고 온

바로 그런 날.

내 눈은 어린애 같은 눈물로 흐려지고,

내 마음은 하릴없이 흔들린다

그 시절 내가 들었던

같은 소리가 귓가에 들리므로.

―테오크리토스

남부를 떠나 북부 학교로 온 지 만 3년이 지났지만, 그곳이 너무나 그리운 나머지(떠나온 지가) 한 30년은 된 것 같다. 그리고 이 목가적인 시인은 우리의 심정을 아주 감탄스럽게 앞서 표현했다.

이곳 북부에서도 다정한 친구들을 만났지만, 같은 국기 아

래 있음에도 남부의 것들은 북부와 같지 않다. 남부에는 흉내지
빠귀, 목련, 옥수수, 목화뿐 아니라 가장 고귀하고 순수한 미국
혈통의 아름다운 처녀들도 있었다. 남부만큼 진정한 미국 토박
이 백인 혈통을 쉽게 찾아볼 수 있는 곳이 어디 있겠는가?

아마도 황새는 북부보다 남부가 더 마음에 드는 모양이다.
남부에서는 황새를 더 자주 볼 수 있었으니까. 그곳에서는 자녀
가 둘뿐인 가족이 거의 없었지만, 뉴욕의 아파트에서는 세 자녀
를 보는 게 충격적인 일일 것이다.

그리고 그곳에는 백인 형제들과 미국의 경이를 함께 누리
는 마음씨 좋고 선량한 유색 인종도 있었다.

캠퍼스에서 들으면 아주 부드럽게, 그들은 웃고 노래하고,
또 노래하고 웃었다.

오, 한나, 아침 일찍 나를
깨워주지 않겠어?
옥수수를 탈곡하러 갈 거야.
그다음엔 무얼 할 거지?
그다음엔 햄 뼈를 씹지
저녁 식사 나팔이 울리면.

자유

Freedom

어떤 도시에서 한 시민이 집 한 채를 소유하고, 인종 분리 구역 외부에서 비밀리에 지하조직을 운영했다. 법원은 고발의 증거를 지니고 있었지만, 집주인을 집 밖으로 쫓아낼 권리가 없었다. 그리하여 법원은 단골 손님들의 접근을 막기 위하여 시의 비용으로 제복 경관을 두어 밤낮으로 근무를 서도록 명했다.

이는 기독교 국가에서 들 만한 좋은 예는 아니지만, 미국인이 모두 성자는 아니라는 점을 보여준다. 일부 악한 세력이 작용하고 있다. 하지만 전체적으로 보아 미국인은 거의 초인적이다. 미국인만이 그토록 많은 자유를 누린다는 말이다. 미국의 자유는 과거든 현재든 가장 부러운 것이었다. 법원이건 개인이건, 아무리 잘못된 행동이라도 남들을 짓밟거나 이용해먹은 적이 없다. 구두닦이에게도 상류층 사람이나 백만장자만큼의 자유가 있다.

워싱턴은 미국에서 폭정을 완전히 뿌리 뽑고 자유를 확립했다. 자신의 조국을 위해서만이 아니라 다른 나라의 국민들을 위해서이기도 했다. 다른 나라의 난민과 망명자들은 이곳을 피

신처로 삼고 보호받는다. 뉴욕은 세계에서 가장 큰 유대인 도시다. 폴란드인, 아르메니아인, 힌두교도, 그리고 우리 동포들까지, 성조기 아래서 개인적 권리를 존중받는다.

유명한 미국인들
Noted Americans

역사를 들춰 보며 우리는 다른 시기보다 걸출한 인물들을 더 많이 낳는 시대가 있다는 것을 알게 된다. 하지만 우리가 보기에는 현재 미국에는 일군의 역사적 인물들이 있는 것 같다. 로웰이나 롱펠로, 휘티어 같은 인물은 더 이상 찾아볼 수 없다는 말도 있었지만 말이다.

우리는 역사 연대기에 생애를 남기는 이들은 정말 대단한 거물일 거라고 생각했지만, 이런 견해는 약간 바뀌었다. 오늘날 미국의 거물들은 주 의사당이나 정부 건물에 있지 않다. 그들은 시내 마천루의 사무실에 있다.

출중한 두뇌를 지닌 그런 인물들이 없었다면 록펠러의 막대한 부는 없었을 것이며, 성조기가 대양 저편의 땅에서 이만한 위엄을 떨치지도 못했을 것이다. 다른 나라에서는 몇 명의 개인이 공무를 지휘하지만, 미국에서는 정반대다. 그러나 누구도 큰 소리로 그들을 찬양하지는 않는다. 만찬 후 연설 자리에서 그들은 부들부들 떨기 때문이다. 이런 이들, 정말로 영리한 양키들이야말로 이 나라의 진정한 지주이며, 왕좌 뒤의 숨은 힘이다.

　그럼에도, 브라이언, 윌슨, 엘리엇, 버틀러, 조던, 에디슨, 포드, 록펠러, 카네기, 워너메이커, 루스벨트 같은 이들이 세간의 주목을 받는 것은 사실이다.

작가들
Writers

자신의 재능으로 사회에 공헌했던 과거의 작가들에게 물질적 보상은 적었다. 옛날 작가 중에 호사스러운 삶을 살았던 이가 있다고는 들은 바 없다. 하지만 오늘날 미국에서는 출판사를 통해 쉽게 돈이 쌓인다. 대중은 독서를 대단히 즐기며, 따라서 출판업자는 잘 쓴 기사에 좋은 가격을 지불하여 대중의 수요를 충족시킨다.

이런 무수한 기고문들이 모두 살아남을지 아닐지는 모르겠다. 어쨌거나 과거에 문학은 천재의 영감에 의해 집필되었다. 그러나 지금은 마치 집이나 자동차를 사고파는 것처럼 기사의 길이와 단어 수에 의해 사고팔리게 되었다.

자연히 어떤 책들은 언론에 알려지기도 전에 죽고, 반면 어떤 책들은 고전의 반열에 올라 영원히 살아갈 것이다.

오늘날 미국에서 언급할 가치가 있

는 친숙한 이름을 꼽아보면 이렇다. 라일리, 하우얼스, 반다이크, 화이트, 라인하르트, 글래든, 비치, 체임버스, 런던, 코브, 블라이드.

우리 힘센 이웃들의 비서가 아니었다면, 우리는 개인적으로 윌리스 어윈을 좋아했을 것이다. 지금 우리는 오늘날의 유명한 작가들 중에서 샘 블라이드를 좋아한다. 자신만의 스타일이 있으며 공정한 작가이기 때문이다. 그는 호평에 좌지우지되지 않았다. 최근 그는 세계 여행 일화를 썼는데, 이를테면 시카고의 어느 교수 같은 대리인의 눈으로 본 것이 아니라 자신이 직접 본 대로 글을 썼다.

공공 도서관
Public Libraries

아마 미국 문명의 가장 위대한 업적 중 하나는 시민의 도서관 이용과 관련된 체계와 편의 시설일 것이다. 공공 도서관과 사설 도서관이 나라 곳곳에 위치해 있다.

앤드루 카네기는 계몽이라는 대의에 다른 어떤 인물보다도 후한 기부금을 냈다. 그는 인간을 파괴하는 기계 제조에 약간 관심을 가졌던 적이 있지만, 그래도 미국 도서관을 발전시킨 공적은 그에게 돌아가야 마땅하다.

우리 대부분은 위대한 영웅들의 탄생과 죽음, 국가의 탄생과 몰락, 과거의 획기적 사건들의 중요한 연도를 외워야 했다. 미국인에게 이는 불필요한 일이다. 가장 가까운 도서관에 가기만 하면, 모든 유용한 지식이 잘 분류되어 있고 쉽게 접근할 수 있으니 말이다. 타이타닉 호의 침몰이 언제인지, 네로가 로마에 불을 지른 것이 언제인지, 루스벨트가 미시건 주의 편집자를 상대로 명예훼손 소송에서 이겨 3센트의 손해배상을 받은 것이 언제인지, 1915년 일요일에는 술집 문을 닫을 것을 명한 시카고 시장이 누구였는지, 굳이 외울 필요가 없다.

미국 생활 속 넘쳐흐르는 문학작품은 모두 도서관에 몹시 체계적인 관리 방침으로 보관되어 있다. 건물 자체도 체계적으로 건축되어, 4천 년 전 중국 대도서관이 불타 중국에 암흑기가 찾아왔던 것처럼 화재를 당할 위험은 거의 없다.

도서관은 다음 세대를 위한 미국 문화의 전당이다.

신문

Newspapers

미국의 신문은 전혀 새로운 것이 아니었다. 우리 고국에서 그리 멀지 않은 곳에서 최초의 신문이라 할 것이 탄생했었기 때문이다. 당나라 시대부터 궁중 소식지가 존재했었다. 하지만 이곳의 신문은 완벽한 효율성을 자랑하며, 엄청나게 빠른 속도로 새 소식을 새로운 상태로 퍼트릴 수 있다. 경기장에서 나오기도 전에 야구 경기의 최종 득점 결과를 읽게 될 정도다.

아마 미국 대중을 지배하는 요소는 정치가들과 신문, 이두 가지일 것이다. 미국 신문은 로마의 웅변가들이 포럼에서 그랬듯 전국을 뒤흔들어놓는다. 군중은 한순간 브루투스에게 환호하다가 다음 순간 안토니우스에게 환호할지 모른다. 비록 애틀랜타의 레오 프랭크 사건*의 경우는 사실이 아니었지만. 이는

---

* 레오 프랭크는 애틀랜타의 저명한 유대인이었으며, 자신의 공장에서 14세 소녀를 죽였다는 혐의로 체포되었다. 증거는 아무것도 없었고 판결에서는 실수였음이 명백했으나 그는 무기징역을 선고받았고, 결국 반유대주의의 물결에 휩쓸린 격분한 군중에 의해 목매달려 죽었다.

의회와 언론계의 합작물이다.

　미국 문명은 이러한 걱정 많고 호기심 많은 신문들의 노고를 통해 그 정점에 섰다고 말해도 과언이 아닐 것이다. 미국 대중에게 신문은 독일 문화에 있어 니체와도 같다. 어쩌면 그 이상일지 모른다.

　한편, 신문은 인간에 의해 발행되며, 그렇기에 언제나 정확하게 운영되지는 않는다. 우리 대학 총장은 도시의 시민 활동과 교육 문제에서 가장 유명한 지도자 중 하나인데, 활동을 교내 사무실에만 국한시키지 않는다고 해서 언론의 비판을 받았다. 그래서 우리는 신문 측 의견을 믿을 수 없다. 병든 아내에게 이렇게 말했다는 아일랜드인 남편처럼 말이다. "쉿, 새러, 아무 말 말고 가만히 누워봐. 당신은 이제 죽은 거야. 의사가 그렇게 말하잖아."

제2부

《매일신보》의 〈미주의 인상〉(1918)

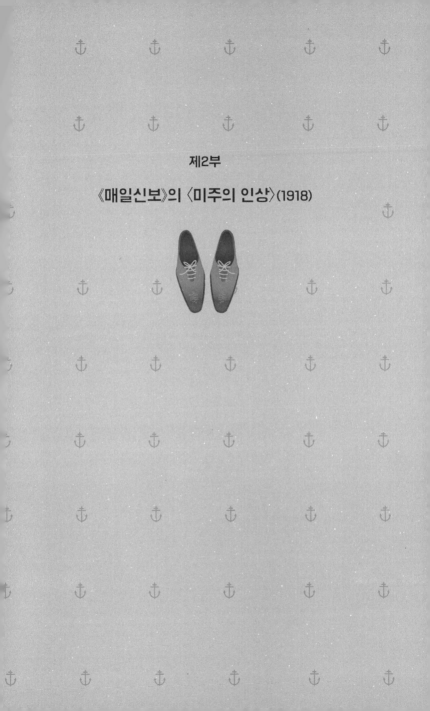

미주의 인상

개성(開城) 김동성

도미(渡米)[*]

영국으로부터 미국으로 건너갈 때에 미국 함선 '필라델피아'호를 탑승하였으니, 이 배는 곧 1898년 스페인과의 전쟁 때 공을 세운 군함으로 그 후 미국 상선회사에서 사들인 배였다. 〔내가〕 무한히도 갈망하던 미주 대륙에 접근하던 때는 1909년의 음력 11월(仲冬) 하순이었다. 당일 오전에 연안을 멀리서 바라보고 누군가 말하기를 우리가 머지않아 뉴욕 항에 도착하겠다고

---

[*] 《매일신보》1918년 2월 23일(음력 1월 13일)자에 실린 국한문체 글을 현대어로 옮긴 것으로, 『동양인의 미국 인상기』에는 「우리의 미국 여행(Our Trip to America)」이란 제목으로 실려 있다. 이 책의 56~59쪽을 참고할 것.

◇米洲의 印象

開城 金東成

一 渡米

自英渡米할時에 米艦「필나델피아」를 搭乘하얏스니 是即一八九八年西班牙賊役에 有功한 軍艦으로 其後米國商船會社에서 買得하야 無限退屈로 던 米洲大陸에 接近된 時는 一九○九의 仲冬下旬이라 當日午前에 沿岸에 到着하얏다云云이나 高山峻嶺만 雲外에 첫出하야 余心에 疑訝가 不無하며 小學校에서 學할때에 該高山峻嶺인가 疑하며 即麼天눈 鐵壁不關의 市街建築物이더라

◆港口初入에 一大女神像을 遠望하고 股帽敬禮하얏스니 이는 舊慣의 迷信으로 偶像을 崇拜함은 아니오 爲客待主의 禮이라 此像은 佛蘭西의 獨立初에 炬火로 右手에 高擧하고 大西洋船客을 歡迎하는듯하더라

◆「굿빙버스」가 米洲를 發見한當時의 歡喜도 余에게 比하면 不及하얏슬이로다 二個月의 長時日을 費하야 航海하는 中에도 中心으로는 米洲의 實在를

確信키 不能타가 下陸後에야 바야흐로 夢幻이 안인줄을 알엇노라

直接交通케됨은 勿論이오 其二는 水陸旅行의 便利함이라 然이나

狀況을 보건디 大感想이 發하니 其氣候程度는 中國下等船以上이라 該船內에 若干三等이며 若干 余는 開城古土에 埋沒되야 如斯한 華麗地는 得見치 못호 지언정 航行이 停止하얏겠다

◆余는 何等 權利가 有한가 라호 大感에 來泊하야 人生의 利用을 享하야 戎羈馬의 文明을 享하얏고 未成하얏고 米國土도 亦然

◆二個理由를 擧하야 感天할 事가 有하니 一者도 아니며 捕虜도 아니며 拘刀로 成功되 新文明의 好空

但先輩들의 苦心血誠으로 千辛萬情을 如是極度에 不知하지 達케호나라 余는 製造富翁의 周旋으로 勞働에 僅察되 아니호 征服케호니 惟願호노라 其一은 還洋이 相隔된 人種國家를 氣를 吸홀가홈이러라

하였으나, 고산준령(高山峻嶺)만 구름 저편에 솟아올라 내 마음에 의아함이 없지 않음은 소학교에서 배운 지리학이 기억났기 때문이다. 어느새 그 고산준령인가 의심한 것이 곧 하늘 높이 닿은 마천루의 강철 빌딩과 석조 건물이더라.

항구 초입에서 일대 여신상을 조망하고 모자를 벗어 예를 갖추었으니, 이는 전해 내려오는 관습인 미신으로서 우상을 숭배함은 아니니, 손님이 주인을 대접하는 예의라 하겠다. 이 여신상은 미국의 독립 초기에 프랑스가 기증한 것이니, 횃불을 오른손에 높이 들고 대서양 선객을 환영하는 듯하였다.

콜럼버스가 아메리카 대륙을 발견하던 당시의 환희도 나에 비하면 미치지 못할 것이다. 2개월의 오랜 시일을 들여 항해하는 중에도 마음속으로는 아메리카 대륙의 실재를 확신하지 못하다가 육지에 발을 디딘 후에야 바야흐로 몽환이 아닌 줄 알았다.

두 가지 이유를 들어 하늘이 놀랄 일이 있으니, 그 하나는 원양(遠洋)으로 서로 떨어진 인종 국가가 직접 교통하게 된 일이요, 그 둘은 수륙 여행의 편리함이다. 그러나 남유럽 이민의 운반 상황을 보건대 커다란 감상이 일어나니, 그 거칠고 더러운 정도는 중국 하등선(下等船) 이상이었다. 그런 배 안에서 만약 3

등실에 있었다면 나는 (그만 견디지 못하여) 개성 옛 땅에 매장되었을지도 모르니, 이러한 화려한 땅을 밟아보지 못할지언정 이 선편 행로를 중지하였을 것이다.

나라는 사람은 어떤 권리가 있기에 이러한 대도회에 와서 묵으며 인생의 이로움과 쓸모를 향유하는가. 로마 문명은 일석일조에 이루어진 것이 아니고, 미국도 또한 그러하니, 단지 선배들의 고심과 진심어린 정성으로 천사만정(千事萬情)을 이 같은 극도에까지 이루게 한 것이다. 억만장자 제조업자의 주선으로 노동자로 고용되어 온 것도 아니요, 정복자도 아니며, 포로도 아니다. 오직 원하는 바는 괴로운 마음과 파리한 힘으로나마 성공한 신문명의 좋은 공기를 호흡할까 함이라.

시가지[*]

나는 일개 서생인지라 미국 대도회에 오게 되니, 그 정치의 좋은 점이나 나쁜 점이나 당대의 인물을 찾아 살피는 것보다 와자지껄함과 군중과 건축물을 경의의 눈으로 보게 되었다. 싱거(Singer) 재봉틀 회사의 사무소 같은 건물은 고향에 있을 때에도 광고 등을 통해 관람했으나 실로 믿기 어렵더니 지금 목도함에 가히 촌계관청(村鷄官廳, 촌닭을 관청에 잡아온 셈이다)이라, 어린애 눈이 껌벅이며 휘둥그레지듯 할 뿐이었다. 높고 큰 건축물은 수없이 봉우리 져 가파르고 사방으로 통하는 시가지는 동서를 나누기 어려웠다. 뉴욕과 같은 곳은 공중, 지면, 지하 세 종류의 전차 외에도 자동차, 자전거, 마차의 천태만상이 소란스레 질주하여 5, 6백만 인구를 별 어려움 없이 운반하며, 시가지 양쪽으로 보행자들이 다투어 다니니 20세기의 활동력을 여지없이 드러냈다. 전후 상하의 소란스러움과 번잡함은 천둥과 지진이 일

---

[*] 《매일신보》 1918년 2월 26일(음력 1월 16일)자에 실린 국한문체 글을 현대어로 옮긴 것으로, 『동양인의 미국 인상기』에는 「도시(City)」란 제목으로 실려 있다. 이 책의 60~62쪽을 참고할 것.

◇米洲의印象　開城 金東成

二 市街

余난一個書生이라 米國大都會에 來호야 其政治의 善不善과 및 常世의 人物의 蓄察호と것이 其目的이 아니오 喧囂와 群衆과 建築物에 驚異의 眼을 開호난지라 市街에 對호야 如左호者난 在鄕時에 會社의 事務所와 如호者난 在鄕時에 廣告等物의 耳에 慣호고 目에 熟호니 方今日睹호と可謂村鷄官廳이라

眼見耳聞호と것이 오商大호建築物을 群峰峻嶺갓고 四通五達호 市街난 西歷紛紛호야 地下三途호 電車와 其外에 自働車며 東馬車의 千狀萬態가 擾亂호야 走호며 호고 二十世紀의活動力을 出動호니 天動地震의 一 ……

(이하 생략)

此를當호야 客懷를 堪키難호도다

三 圖書館

就中華盛頓의 立호 圖書館은 五洲建築의 雄壯호다 且奇妙호 足이五洲에 誇張되라니 此館內에 出版認許部에 有호야 申請者의 幾何호고 論을 當호야 參考호と者 ……

四 大學

美洲의 公私立圖書館은 無慮無之호니 人皆利用호야 可히 看호上 ……

美洲의 公私立圖書館은 無慮無之호니 代讀家의 興亡되난 바니 假使 ……

余난 是 職務의 有無난 勿論호고 호도다

余도 亦是 影響을 受호と者난 ……

시에 일어나는 듯했다.

위치가 광대하여 동양을 대표할 만한 중국인 거리에 이르러서는 그 비루함과 비좁음이 소주나 항주의 옛 시가지를 본뜬 듯하였고, 미국인이 지칭하는 '차이나타운'이라 함은 직역하자면 중국인 거리이지만 이 말은 비루한 사회의 소굴이라는 암호가 되었던 것이다. 나는 이를 결코 비방하는 것이 아니라 동양인으로서의 동정(同情)을 이기지 못하는 것이니, 다소간이라도 변화되기를 항상 갈망하였다. 뉴욕과 같은 대도회에 모리무라(森村)* 와 같은 실업가가 있어 상업계에서도 굴지의 기업으로 치니 통상 동양인 여행자에게 다대한 영향을 남기고 있다.

나 역시 사무의 유무는 물론이고 행보를 재촉하여 종일토록 왕래하며 수만의 군중을 만났으되 한 사람도 구면인 자가 없고 어느 하나 묻는 자도 없으니 나의 일신이 큰 바다의 한 방울물과 같았다. 탄식하며 제 몸을 스스로 돌아봄에 홀홀단신으로 해외에 표류하며 이러한 때를 맞으니 객지에서 쓸쓸함을 느끼

---

* 일본의 도자기 회사로 미국 식기 시장을 석권한 모리무라 유타카(森村豊)를 지칭하는 것으로 보임. 모리무라 유타카는 모리무라 이치자에몬(森村 市左衛門) 6대이며, 1906년 무렵에 이미 5백만 달러의 판매 총액을 기록하고 있었다.

기를 심히 금하기 어렵도다.

도서관[*]

　미주에는 공립, 사립 도서관이 가는 데마다 없는 곳이 없어, 사람들이 모두 이용하니 가히 부러워하며 탄식할 만하였다. 가령 미국인의 경우 고대국가의 흥망과 영웅호걸이 세상에 나온 연월일에 관해 기억력을 낭비할 필요가 없고, 언제든지 참고를 필요로 할 때에는 가장 가까운 도서관으로 향하는 것이다. 많은 사람이 모여 있지만 바른 마음가짐으로 조용히 독서를 하는 곳 또한 이곳이다.

　그중에서도 워싱턴에 자리한 국회도서관은 건축의 웅장하고 또한 기묘함이 족히 오대륙에 자랑할 만하다. 이 도서관 안에 출판인허부(出版認許部)가 있어 출판인에게 어떤 책이든 말할 것도 없이 두 권을 참고용으로 제출하게 하니, 권 수의 증가는 여러 말이 필요 없겠다. 내가 취학해 공부하던 오하이오 주립대학에서도 7천여 명의 학생을 위하여 백만 불의 거약으로 석조

---

[*]　《매일신보》 1918년 2월 26일(음력 1월 16일)자에 실린 국한문체 글을 현대어로 옮긴 것으로, 『동양인의 미국 인상기』에는 「공공 도서관(Public Libraries)」이란 제목으로 실려 있다. 이 책의 109~110쪽을 참고할 것.

도서관을 건축하였고 실내 공기는 사시사철을 물론하고 항상 화씨 70도(섭씨 약 21도)를 유지하도록 하니 사랑하여 돌보지 않을 자가 누구이겠는가.

　　대학 교육을 받는 일은 사람마다 능히 다 할 수 있는 것은 아니나, 독서하여 배움을 얻는 것은 이 도서관으로 인해 용이한 일이라 하겠다. 미주 속담에 말하기를 "떠돌이 일꾼(hobo, 걸인 혹 낭인)이 가는 곳은 오직 두 곳이 있으니, 그 하나는 주점 앞이요, 다른 하나는 도서점(圖書舖)이라" 하니 나도 주점에만 빈번히 출입하였더라면 재미 동양 '호보'의 명칭을 어찌 피할 수 있었으리오. 도서관을 사랑하여 돌보는 습관이 성숙하면 인문 정도(程道)의 발달이 있을 것임은 지혜로운 자를 기다리지 않고도 가히 알 수 있는 것이다. 이런 까닭으로 부랑자를 단속하는 등의 일까지도 감소하니 미주의 경찰과 관리가 적은 것도 도서관이 효력을 끼친 것이오, 보통 미국 아동 11세의 식견이 중국의 쉰 먹은 학자보다 낫다는 평론 역시 수많은 도서관으로 인하여 나온 것이다.

의복*

　사람의 물색이 다른 인종에 뒤지지 않음에도, 의복으로 사람이 완성된다는 주의를 숭배하여 50불의 돈이 있는 청년에게 그 반액인 25불은 의상에 쓰라고 가르치니 가히 "옷이 사람을 만든다(衣造人物)"고 할 만했다. 만약 미국 부녀들의 만사 새로움을 좇는 열기가 의복의 유행을 좇는 것과 같이 심하였더라면 어찌했을는지. 아무리 미려한 의상이라도 다시 입는 일은 희소한 일이요, 유행의 변화는 옷 만드는 상인들이 공급할 여가가 없을 정도이며 온전히 참신함을 위주로 하여 가격의 높고 낮음은 상관하지 않고 기기묘묘한 형태와 괴이한 양식으로 몇 번이고 입어보니, 여식을 서너 형제라도 가진 자는 한가할 겨를이 전혀 없고, 학식과 기예가 없이 스물 전에 아내를 얻는 자는 평생에 가난을 면치 못한다 한다.

　내가 처음 도착했을 때에는 긴소매에 짧은 치마가 유행이

*　《매일신보》 1918년 2월 27일(음력 1월 17일)자에 실린 국한문체 글을 현대어로 옮긴 것으로, 『동양인의 미국 인상기』에는 「옷(Dress)」이란 제목으로 실려 있다. 이 책의 74~75쪽을 참고할 것.

◇米洲의印象

開城 金東成

第四　衣服

◆人의物色이他種에不下ᄒᆞ되以衣
服人主逑를崇拜ᄒᆞ야五十弗資本이有
ᄒᆞᆫ靑年에게其牛額廿五弗은衣裳에費

ᄒᆞᆫ다

少焉에牛袖狹裳에
觀이無ᄒᆞ아到ᄒᆞᆺᄂ
形恠式으로頻數이番着ᄒᆞᆫ니女息三
로爲主ᄒᆞ야價値의高低ᄂᆞᆫ不關ᄒᆞ고奇
으稀少ᄒᆞᆯ事오流行의變易은製衣商
供給ᄒᆞ餘暇가無ᄒᆞ며全여嶄新ᄒᆞᆷ으
弟가無ᄒᆞᆫ二十前에ᄂᆞᆫ汨沒無暇ᄒᆞᆫ者ᄂ
困ᄒᆞ니兄余의到ᄒᆞᆺ時에要要ᄒᆞᆫ者ᄂᆞᆫ平生
兄余의平生技數
衣ᄂᆞᆫ全無ᄒᆞ고下廣ᄒᆞᆫ短
袖短裳이流行이
裳이絹織을容見ᄒᆞ며
初에ᄂ上
今日인上
下廣ᄒᆞᆫ短
流行이
夜宴參席ᄒᆞᆫ婦女ᄂᆞᆫ兩腕
及乳旁이裸頻ᄒᆞ미共同
沐浴場의夏節을當ᄒᆞᆫ狀
態를顯出ᄒᆞ더라

亞非利加人族은何分裸
身者가多數ᄒᆞ나其中小
開者ᄂᆞᆫ衣冠이鮮明ᄒᆞ거
늘文明之人은目今衆去
ᄒᆞ니嗟홈다今如是古ᄒᆞ
是오文如是野如是라彼
未開人으로論ᄒᆞ면今日
裸躰ᄂᆞᆫ事勢의不得已홈이오今日着衣
者가多數ᄒᆞ나其一步를進홈이라ᄒᆞ니아文明人의
此態ᄂᆞᆫ何辭로評홈가슈에야人軆의天

ᄒᆞ라訓誡ᄒᆞ니可謂衣逑人物이로다萬
若米國婦女의諸般尙新熱이衣服의流
行을退홈ᄀᆞᆺ치甚ᄒᆞᆺ다면엇지홈야ᅀᆞᆯ
니지如何히美麗ᄒᆞ衣裳이라도再着ᄒ
는지如何히美麗ᄒᆞ衣裳이라도再着ᄒ
然음發揮ᄒᆞᆷ여얏다홈가

더니 얼마 지나지 않아 반소매에 좁은 치마가 되고, 요즘에는 상의는 거의 없다시피 하고 밑이 넓은 짧은 치마가 비단 버선을 다 드러내게 한다. 밤 연회에 참석한 부녀는 양팔과 유방이 수다하게 다 드러나니 공동 목욕장이 여름 절기를 맞은 상태를 그대로 보여주는 듯하다.

아프리카 인종은 무릇 벌거벗은 자가 다수이나 그중에도 조금 개화한 자는 의관이 선명하거늘, 정작 문명한 사람들은 오늘에 이르러 이를 벗어 던지니 "오늘이 옛날과 다를 바 없고, 문명한 것이 야만한 것과 같도다."* 저 미개인으로 논하자면, 과거의 나체는 사태의 부득이함이오, 오늘의 복장은 일보를 전진함이라 하겠으나, 문명인의 저 모습은 어떤 말로 평할 것인가. 오늘에 와서야 인체의 자연을 발휘하였다 할 것인가.

* "今如是古如是오 文如是野如是라." 본래 '古如是今如是'라 하여, 옛날과 지금이 같으니 사물이 조금도 변하지 않았음을 일컫는다.

음식*

　서양 요리는 그 종류에 따라 취미가 여러 종류로 나뉘니 프랑스식의 차이는 구구한 많은 논의가 필요 없겠고, 내가 도회지 가운데의 민가를 산보할 때에는 빈한한 가정의 교육받지 못한 아동들이 서로 먼저 외치려 다투기라도 하듯 외치는 말이 "칭칭 중국인, 중국인은 쥐고기를 먹는다지" 하는 조롱을 적잖이 들었으니, 동양인은 그 누구든지 중국인으로 인식하는 것이었다. 칭(chin)이라 함은 중국인을 욕하는 별명이며, 중국인이 쥐고기를 먹는지의 여부는 내가 알 바 없으나, 천만 의외인 것이 아메리카 대륙의 일등 요리와 연회석상에 개구리 고기가 가장 유행하는 먹을거리가 되어 있으니, 내가 일차로 시험 삼아 먹고는 편벽된 집착이 홀연히 살아나니 손가락으로 목구멍을 후비어 토하려 했으나 〔그러지 못하고〕 아연히 위 속에 잠복하여 원소로 돌아간 듯하니 어찌할 것인가. 그 후에는 개구리 고기의

---

* 《매일신보》 1918년 2월 28일(음력 1월 18일)자에 실린 국한문체 글을 현대어로 옮긴 것으로, 『동양인의 미국 인상기』에는 「개구리 다리(Frog Legs)」란 제목으로 실려 있다. 이 책의 76~77쪽을 참고할 것.

開城　金東成

◇米洲의 印象

第五　飲食

西洋料理는 其類를 從ㅎ야 趣味가 各別

의 無敎育호 兒童輩가 爭先呼叫曰ㅅ
支那人、支那人은 鼠肉을 食호다지호
는 嘲弄을 不少히 受호얏ㅅ나니 東洋人은
誰某던지 支那人으로 認定홈이오칭이
라홈은 支那人을 辱호는 別

號라 支那人의 鼠肉을 食호
는與否는 余의 不知者이나
千萬意外에 米洲一等料理
와宴席上에 蛙肉이 最流行
食物品이 되니 余ㅣ 一次試
喫호고偏執이 忽生호야 手
指로 咽喉를 擽호고 吐호기
를 期待호되 低然히 胃中에
潛伏호야 元素로 歸호믓無
可奈何러라 其後는 蛙肉의
風味를 覺得호고 一箇蛙肉
驚이 되믜 轉히 異常호 印象
이 生호는도다 地域은 東西
洋이 相反이나 人生의 感覺은 如一호니

호니 法式의 差異는 不必多論이오 余가
都會中貧民街를 散步호ㅣ ㅣ 貧寒家庭
四海同胞之說이 果然치 안은가

풍미를 깨닫게 되고 일개 와육당(蛙肉黨, 개구리 고기 애호가)이 되니 문득 괴이쩍은 인상이 일어난다. 지역은 동서양이 서로 상반되나 인생의 감각은 같으니, 사해동포(四海同胞)라는 이야기가 과연 옳지 않은가.

제3부

『동양인의 미국 인상기』에 대한 미국 언론 리뷰

신간소개

미국을 방문한 한국의 김동성 씨가 『동양인의 미국 인상기』라는 소책자를 썼다. 그는 이 책자를 매리 맥밀란의 다음과 같은 결론이 달린 「머리말」과 함께 내놓았다.

기개가 가득하며, 두 눈은 차분하고,

황금의 가슴을 지닌 지극히 현명한 청년,

우리의 김동성 씨!

엉클 샘의 민족이여, 친절히 대하라,

그대들의 친절함을 다해, 설사 거짓이 될지라도,

그를 소중히 대하라!

---

* 《캔자스시티 스타(Kansas City Star)》는 미국 미주리 주의 북서부 도시 캔자스시티에 기반을 둔 지역 조간 신문으로, 1880년 창간했다.

「서문」을 직접 쓴《신시내티 인콰이어러》* 편집장은 김동성 씨의 유머를 "기발하고 건전하다"고 하고 있으며, "정확한 판단과 안목"으로 실제 있는 그대로의 서양 문명에 대한 논평이라 평가한다.

한국에는 없기에 결과적으로 이 동양인이 깊은 인상을 받은 풋볼, 야구, 댄스, 공공 도서관, 신문, 대통령, 자동차 및 다양한 여러 사물들에 대한 장(章)이 이어지고 있다. 어느 도시의 가난한 동네를 지나고 있을 때, 그는 무지한 아이들의 입에서 터져 나오는 이런 소리를 듣는다. "칭크, 칭크, 중국인, 중국인은 쥐를 먹는다네."

"늘 있는 일이지만, 우리는 '칭크' 혹은 '잽' 취급을 받는다"고 말하며, 그는 자신은 한 번도 쥐고기를 맛보는 기쁨을 누려본 적이 없다고 설명한다. 상류사회의 레스토랑에 갔을 때, 마찬가지로 한국에서는 전혀 못 먹는 것으로 치는 개구리 다리 메뉴를 발견하고 충격에 빠졌을 그를 상상해보라. 미국인 중 누

---

* 《신시내티 인콰이어러(Cincinnati Enquirer)》는 미국 오하이오 주 신시내티에 기반을 둔 조간 신문으로, 1841년 창간했다.

군가가 한국을 방문했다고 한번 가정해보자고 김동성 씨는 쓰고 있다. 그 미국인은 외팔이나 외다리 혹은 다른 부류의 불구자들은 다 어디에 있느냐고 물을 것이다. 그 대답은, 한국에는 근대의 기계류들이 없고 따라서 쓰지 않기 때문이라는 데 있다. 의혹에 빠졌던 그 미국인은 깜짝 놀랄 수밖에 없을 것이다. 뉴욕 주(州)로 가는 열차 여행 중의 일이라며, 김동성 씨는 이렇게 쓰고 있다.

"갑자기 열차가 끼익 소리를 내더니, 불쾌한 가스 냄새가 객실 안에 퍼졌고, 무시무시한 폭발이 일어나 열차가 멈췄다. 크게 놀란 와중에 우리는 자동차 한 대가 기차가 달리던 선로에 멈춰 서 있었다는 사실을 알게 되었다. 차는 기차와 정면충돌하여 좀 떨어진 곳으로 나가떨어졌다.

물론 선로를 달릴 권리는 기차에게 있지만, 우리 기차가 엔진이 멎은 채 서 있는 불쌍하고 무력한 차를 들이받은 것은 무자비하고 잔혹한 일이었다. 다섯 명의 탑승객 중 두 명은 무사히 뛰어내렸고, 나머지 이들은 우리 기관차의 운전사와 함께 저세상으로 갔다. 우리는 므두셀라나 노아도 자동차를 운전하다가 특급열차와 정면으로 마주친 적이 있을까 궁금해했다."

감리교출판회(The Methodist Book Concern)의 도움으로 출판

된 이 소책자는 저자 자신이 그린 간결한 스케치들이 도판으로

삽입되어 있다.

◈《보스턴 저널》* 1916년 7월 28일자 7면

한 동양인이 쓴 뜻밖의 인상기

미국 교회에는 보다 독실한 신앙심이 필요하다

이는 김동성이 그의 책『동양인의 미국 인상기』의 「교회 다니기」에서 한 말이다.

"경이롭고 놀라운 일들과 더불어, 우리는 상당한 실망을 안겨준 장소와도 만나게 되었다. 고국에서 우리가 나가곤 했던 기도회에는 일요일만큼이나 많은 이들이 참석했었다. 그러나 이곳 미국에서는 주중 예배에 충실한 신도들만 손꼽을 정도로 출석했다. 첫 번째 기도회에서 우리 목사는 자신의 주(州)에서 최고 규모의 기도회를 집도했다고 했으나, 참석한 군중은 상당

---

*   《보스턴 저널(Boston Journal)》은 미국 매사추세츠 주의 주도 보스턴에서 발간되는 일 간지로, 1833년에 창간했다.

히 적었다. 하지만 그 목사는 대단히 힘 있고 착실하며 호감 가는 사람이었다. 자신의 주에서 아주 특별한 지위에 있는 지도적 인물이었음에도, 목사는 주중 기도회에 사람들을 나오게 하지는 못했다.

오하이오 주의 어느 교파 소속 대학에서, 한번은 남학생들이 미국에 갓 온 페르시아 학생과 함께 교회에 갔다. 물론 이 외국인 학생은 미국의 관습에 익숙지 않았다. 그는 다른 청년들이 하는 대로 뭐든 따라 했다. 그런데 도가 지나쳤다. 예배가 끝난 후, 그는 청년들이 아가씨들을 집까지 바래다주는 것을 보았고, 그래서 예의 바르게 한 아가씨 곁으로 다가가 바래다주려 했다. 그의 시도는 그리 성공적이지 못했다.

그렇다면 젊은이들은 여신들의 전능함을 찬양하기 위해 교회를 다니는 것인가? 우리가 생각하기에는, 정말 여신을 찬양하는 것이라 해도 조금 더 독실한 신앙심을 보이는 게 좋지 않을까 싶다.

한번은 여행 중에 찾았던 어느 교회에서 빨리 나가기 위해 맨 뒷좌석을 골라 앉았었다. 하지만 우리의 뜻대로 되지는 않았다. 누군가가 우리를 따라 나와 악수를 하면서 다시 들어오라고 청했기 때문이다. 우리로선 별로 달갑지 않은 초대였다. 중요한 것은 대여섯 명의 사람들이 둘러서서 친근하게 등을 두드리며 다시 와달라고 청한다고 해서 교회에 나가는 것이 아니라는 점이다. 교회에 나가는 것은 우리 양심의 지시에 따르는 일이 되어야 한다."

이 한국인은 지금도 여전히 외국에 있으며, 언젠가 고국으로 돌아간다면 턱 밑에서 잡아매는 운두 높은 모자를 다시 쓰고 선조들의 나라에 대한 평화로운 만족에 잠겨 안주하기 위해서는 아닐 것이라고, 조지 허버 존스*는《세계 전망》**에서 전했다. 그는 한 사람의 선생이자, 지도자이자, 머나먼 저편에 있을 보다 나은 비전을 고무하는 사람이 될 것이다.

---

* 조지 허버 존스(George Heber Jones)는 한국에서 약 20년간 미국 북감리교 선교사로 활동했으며, 한국명은 조원시(趙元時)이다.

** 《세계 전망(World Outlook)》은 감리교 해외선교부(Bd. of Foreign Missions of the Methodist Episcopal Church)에서 출간하는 세계 선교 관련 정기간행물이다.

◈ 《아이다호 스테이츠먼》* 1917년 9월 14일자 5면

김동성, 미국에 대해 쓰다

그가 미국을 어떻게 생각하는지 밝히다:

최근 보이시에서 관청에 구금되다

미국의 여성들은 다른 곳의 자매들보다 지적인 면에서 훨씬 뛰어나다. 최근에 보이시 시를 방문한 한국 학생 김동성 씨의 의견이다. 그는 이곳에서 그의 인생 최초로 구금되는 경험을 했다.

『동양인의 미국 인상기』라는 소책자는 미국인의 다채로운 삶의 면모들에 대한 김동성 씨의 반응들을 수록한 것이다. 이 소책자는 기발하고 유머러스하며, 저자가 그린 경탄할 만한 펜

---

* 《아이다호 스테이츠먼(Idaho Statesman)》은 미국 아이다호 주 보이시를 지역 기반으로 하는 일간지로, 1864년 창간했다.

화 또한 상쾌하다.《신시내티 인콰이어러》편집장인 W.F. 윌리는 간결한 서문을 통해 위와 같이 쓰고 있다.

보이시 시에 도착한 직후, 김동성 씨는 여행을 이끌어줄 동양의 숨결을 갈구하며, 무익하게도 불 켜진 퐁 위 박사네 상점 입구를 찾았다. 이 젊은 한국인이 돌아선 순간, 갈색 피부의 어느 보이시 시민이 그를 붙들고는 시청으로 데려갔다.

"당신은 재미 중국인 결사(tong)에 소속된 사람이오?" 선임 관리가 이렇게 물었다. 이 젊은이가 자신이 누구인지를 설명하자, 관리의 표정은 누그러졌고, 이 동양인은 더 이상 붙들려 있지 않아도 되게 되었다.

빌헬름 가(관청가)의 생각

"나는 마치 자유의 땅이 아니라 빌헬름 가(街)에 있었다는 듯, 그곳을 떠났다." 저자가 웃으며 이어간 말은 이렇다. "이 사건은, 어쨌든 보이시 시의 치안이 얼마나 효율적인지를 보여주었다."

김동성 씨는 그의 소책자에서, 미국의 여성 규범에 대해 미국을 지배하는 것은 여성이라고 언명했다. "언제나 여성이 먼

저다(woman first)." 그는 왜 남성들이 투표권처럼 사소한 것을 여성들에게 내주기를 주저하는지 도무지 알 수 없다며, "몇몇 여성들은 소위 '자격이 충분한' 정치가들보다도 공직에 더 적합하다"고 확신한다.

이 한국인은 미국 아가씨들에 대해서는 그다지 곱지만은 않은 견해를 표했다. 그가 보기에, 미국 아가씨들의 첫째가는 야망은 남성들의 눈에 매력 있게 보이는 것이었다. 그는 "미국 아가씨가 다른 일에서는 옷에서만큼 변덕을 부리지 않는 것"이 다행스러운 일이라 생각한다. 그는 미국 여성들이 의상에 있어서만큼은 모든 면에서 최첨단의 것으로 결정한다고 확신하고 있다.

김동성 씨는 서양식 맞선(matchmaking)이 부모가 배우자를 결정하는 그의 조국의 방식과 매우 다르며, 성공과는 거리가 멀다는 사실을 발견한다. "이웃보다 조금 더 재산이 많은 이가 있다면, 동네에서 제일가는 미녀가 그를 먼저 선택한다. 그녀가 우생학을 배우는 학생이 아니라면 말이다."

사랑이 중요하지 않다고?

사랑이란 별 볼 일 없는 것이다, 김동성 씨의 고백이다. 하지만 부지불식간에 그가 진심으로 그렇게 여기지는 않음이 드러난다. 미국의 소녀들을 그린 그의 삽화 속에서 그는 명랑함과 달콤함을 아로새겨 넣고 있다. 그리고 북부보다는 남부가 좋은 이유에 대해, 그는 이런 언급을 하고 있다. "남부에는 흉내지빠귀, 목련, 옥수수, 목화뿐 아니라 가장 고귀하고 순수한 미국 혈통의 아름다운 처녀들도 있었다."

김동성 씨는 "미국의 가정은 이 시대의 가장 훌륭한 제도다"라고 선언한다. 그는 이 나라의 가정생활에 대한 하나의 그림을 제시하고 있다.

"우리는 그가 일찍 일어나 난로에 불을 때는 것을, 아내와 두 아이와 함께 아침식사로 뜨거운 커피와 비스킷을 드는 것을, 일터를 향해 집을 나서면서 가족에게 키스하는 것을 보았다." 이 동양인은 미국에 대한 큰 존경을 지니고 있다. 그는 미국인에 대해 "거의 초인적(superhuman)"이라고 평하는데, 왜냐하면 미국인만이 "그토록 많은 자유를 누리고 있기" 때문이다. "법원이건 개인이건, 아무리 잘못된 행동이라도 남들을 짓밟거나 이용해먹은 적이 없다. 구두닦이에게도 상류층 사람이나 백만장자만큼의 자유가 있다."

　　김동성 씨는 풋볼을 좋아하는데, 왜냐하면 풋볼에는 "청춘
의 힘과 활력 전부가 요구"되기 때문이다. 그가 예견하기를 "야
구의 인기는 더욱 커지고 인류의 운명과 줄곧 함께할 것"이라
고.

해설

문화번역가 천리구 김동성, 그 동서 편력의 첫 화첩

한국인 최초의 영문 단행본 『동양인의 미국 인상기』에 대해

ㅣ 황호덕(성균관대학교 국어국문학과 부교수)

어떤 것도 홀로 좋거나 아름다울 수 없다.

-랄프 왈도 에머슨

1. 문화 번역가, 김동성 – 동서(東西)의 '다리'

천리구(千里駒). 김동성의 아호(雅號)이다. 김동성은 천리구라는 말 그대로 근대 한국인 중 그 누구보다도 다양한 해외 체험과 문화 횡단적 족적을 남긴 인물이다. 10대였던 대한제국 말기부터 청장년기였던 식민지기를 거쳐, 중년 및 노년기였던 미군정, 제1공화국, 제2공화국, 제3공화국까지 문화사와 정치사의 매 장에서 그의 이름을 발견할 수 있다. 그도 그럴 것이, 유길준, 윤치호, 이승만 등의 몇몇 사례를 제외하고는 당대의 한국인으로서는 거의 유례를 찾기 힘들 정도로 세계 각지의 거의 모든 대륙을 고루 여행하고 체험하였을 뿐 아니라, 그에 관한 수다한 여행 기록을 남겼으며, 문화사적으로도 신문기자 및 편집자, 만화가, 사전편찬가, 고전 번역가, 탐정소설 번역가, 정치 관료, 외교가, 작가로서 허다한 족적을 남겼다. 한국의 문화적 관행에서 졸기(卒記)랄까, 제문(祭文)이랄까 하는 것이 한 사람의 일생을 잘 정리해 보여주는 것이라면, 상찬 위주이긴 하나 김동성의 별세 직후 발표된 김을한의 추도문도 그런 사례 중 하나인 듯하다. 후에 김동성의 평전을 쓴 언론인인 만큼, 다소 긴 대로 인용해보고 싶다.

천리구(千里駒)라는 이름의 대기자 – 김동성 선생을 추모함

천리구 김동성 선생이 세상을 떠나시었다. 우리나라 조고계 (操觚界, 글을 쓰려 나무판을 잡는다는 뜻으로 문필계를 뜻함–인용자) 의 최고봉이 또 한 분 지상에서 사라진 것이다.

천리구 선생은 동아일보의 창간 때 동인으로서 팔십 평생을 언론계에 종사한 분인데 1919년 《동아일보》가 창간될 때에 중국 요인들의 축사를 얻으려고 북경에 특파된 것을 위시하여 그 다음 해 하와이에서 열린 만국신문기자대회에 참가해서 나라가 없는 민족의 신문기자면서도 떳떳하게 부의장에 당선되어 우리나라 신문 특파원의 신기원을 지었다.

이윽고 워싱턴에서 개최된 세계군축회의에도 선생 일류(一流)

의 기지와 노력을 참관할 기회를 얻어 한국 신문기자의 존재를 세계에 과시하였다.

천리구 선생이 세계신문기자대회의 부의장으로 당선되자 동아일보에서는 즉시 본사는 물론 각 지국에 이르기까지 '부의장 당선'의 축하 광고를 모집해서 재정적으로도 크게 윤택해졌으며 선생이 귀국하자 이번에는 세계신문기자대회와 군축회의의 사진을 환등(幻燈)으로 만들어서 전국을 순회하였는데 남도(南道)에는 고하(古下) 송진우(宋鎭禹) 씨가, 북도(北道)에는 설산(雪山) 장덕수(張德秀) 씨가 각각 연사로 나서고 선생은 몸소 사진 설명과 현지 보고의 강연을 하여 민족정신을 앙양하는 데 크게 이바지하였다. 선생의 기나긴 일생 동안에 아마 이때가 가장 득의(得意)의 시절이었을지도 모른다.

선생은 개성 사람이다. 개성 사람은 자고로 경제에 밝아서 장사를 잘 하는 것으로 유명한바 선생께서 상인이 되지 않고 신문기자가 된 것은 어렸을 때 아는 사람의 집에서 모아두었던 《황성신문》을 얻어 본 것이 첫 동기라고 하니, 그래서 그런지 선생은 젊었을 때부터 사회의 목탁으로서 국사(國士)의 풍(風)이 있었고, 성격이 관후성실(寬厚誠實)하고 무욕담백(無慾淡白)해서 일찍이 남의 험구를 듣지 못하였다.

그 위에다 선생은 또 부지런한 것으로도 유명하여 잠시도 한가히 쉬는 일이 없었으니 해방 전에 간행된 『한영사전』을 비롯하여 『삼국지』, 『열국지』 그리고 얼마 전에 대한공론사에서 나온 영문(英文) 『成吉思汗』(징키스칸-인용자) 등의 수많은 저서는 모두 선생께서 밤잠도 자지 않고 수고하신 결정으로, 바로 최근까지도 하루 육십 장의 원고를 쓰셨다고 하니 이는 아무도 따를 수 없는 일이었다.

따라서 선생은 대한민국 정부가 수립되어 초대 공보처장이 된 것을 비롯하여 일시에는 민의원(民議院) 부의장과 사무총장, 그리고 유엔 대사의 특별 고문으로 국내외에서 눈부신 활약을 하였고 민주공화당이 창건될 때에는 그 이념에 공명해서 솔선가담한 일도 있으나 그것들은 어느 것이나 애국애족의 지성에서 나온 것이라 할 것이요, 선생의 본령은 어디까지나 저널리즘에 투철한 신문기자에 있었다고 할 것이니 나는 외람되나마 하몽(何夢) 이상협(李相協), 민세(民世) 안재홍(安在鴻) 씨와 더불어 선생을 가리켜 한국이 낳은 삼대 기자의 한 사람이라고 생각하는 것이다. 천리구 선생을 추모함에 있어 사사로운 일을 이야기하는 것은 죄송하나 필자는 최근 거의 십 년 만에 귀국하여 즉시 선생을 문병하였는데 당신은 모르시나 작년에 수술한 위암의 영향으로 병환이 매우 침중하시었다.

통 잡수지를 못해서 기식(氣息)이 암암한 가운데에도 정신만은 똑똑하신 듯 필자를 보자마자 "나는 인제 가나보오, 한 가지 마음에 걸리는 것은 내가 마지막 사업으로 우리나라에 세우려던 '트루만 도서관'의 완성을 보지 못한 것인데 그것은 여러분이 계승해서 꼭 실현토록 하십시오……"라고 유언 비스럼히 말씀하고 그 일에 협력할 여러 인사들의 이름을 드신 후 미국에 가서 교섭할 방법까지 가르쳐주시었다.

천리구 선생이란 이같이 늙을 줄 모르고, 최후의 순간까지 무엇인가 꿈을 가진 애국자였다. 그러나 선생은 이미 안 계시니 누구와 더불어 세상일을 이야기하리오.

대기자 천리구 선생을 애석하는 마음은 날이 갈수록 더할 것이다.

김을한(金乙漢)[*]

---

[*] "천리구(千里駒)라는 이름의 대기자 – 김동성 선생을 추모함",《동아일보》1969년 8월 19일자.

개성 상인의 아들로 태어난 김동성이 한국 근대사에 그 이름을 처음으로 드러낸 사건은 윤치호를 도와 한영서원 설립에 관여했던 일이었다. 그 후 김동성은 윤치호와 한국 남감리교단의 도움으로 중국과 미국에 유학한 후, 귀국하여 《동아일보》 창간 기자로 언론계에 입문하였다. 《동아일보》 제2대 조사부장을 역임하고, 이후 《조선일보》 발행인 겸 편집인, 《조선중앙일보》의 이사(取締役) 및 편집국장으로 일했다. 외국어 기사나 기획 기사에 주로 관여하여 초기 한국 신문의 편제 구성에 커다란 역할을 한 것으로 알려져 있으며, 1936년 일장기 말소 사건에 관여되어 언론계를 떠났다. 식민지 말기에는 종로 관철동에서 양식당 백합원(百合苑)을 운영하는 한편, 틈틈이 과수 재배를 하며 혹독한 시간을 견딘 것으로 보인다.

식민지기, 기자로 활동하는 동안 김동성의 족적은 화려했다. 일본 당국과 언론인들의 항의를 뚫고, 1921년 《동아일보》 기자 신분으로 미국에서 개최된 제2차 만국기자대회에 한국 대표로 참석하였으며, 부의장에 피선되었다. 한국 기자가 국제 언론인 대회 참석하기는 이때가 처음이라 한다. 또, 같은 해 11월에는 미국으로 건너가 워싱턴에서 개최된 태평양군축회의에 한국 기자로서는 역시 최초로 참석하여 취재 기사를 연재했다. 소위

'한국 언론 사상 최초의 해외 특파원', '국제 기자 대회 최초의 참석자', '최초의 군정청 여권 소지자', '맥아더를 회견한 최초의 한국 기자' 등 언론사에 그 이름을 수다하게 남기고 있다. (이러한 해외 체험은 그의 여행기들에 고스란히 남아 있다.)

해방 후에는 다시 언론계에 복귀하여 합동통신을 설립하는 한편, 초대 이사장에 취임하였다. 김동성 자신의 회고도 그러하거니와, 합동통신이 AP통신과 연계해 한국발(發) 주요 기사를 세계로 타전하였기에, 해방 정국의 혼란기에 국내외 정세에 상당한 영향력을 가졌던 것 같다. 단정 수립 후에는 이승만 정권에 참여하여 초대 공보부 장관을 역임했다. 또 정부 설립 이듬해 한미친선사절단장으로 미국으로 건너가 미국 주도하의 세계 질서 재편 과정에서 한국의 대외 노선 결정에 중요한 역할을 한 것으로 알려져 있다. 한국의 유네스코 가입을 위해 미국 주재 한국 대사 장면과 함께 동분서주했다는 회고도 남기고 있다.

정치인으로서는 제2대 민선의원으로 고향 개성에서 당선된 후, 1951년 민의원 부의장(현재의 국회 부의장)에 선출되었다. 한때 이승만과 불화하여 정치와 거리를 둔 시기가 있었으나, 4·19 혁명 이후에 다시 복귀하여 민의원 사무총장을 역임했고, 5·16 군사쿠데타 후에는 소위 '민정(民政)'에서 민주공화당 중앙위원으로 관여했다. 공직 중 또 그 이후에도 합동통신에는 계속 관여하여, 1953~1960년까지 합동통신사 회장을 역임했다. (1964년까지 합동통신 고문직을 유지했다.)

하지만 이러한 언론 및 공직 활동과는 별도로, 『동양인의 미국 인상기』와 관련해 보다 주목되는 부분은 이른바 그의 전방위적인 문필 활동이다. 생애 모든 기간 동안 번역과 저술을 놓은 적이 거의 없을 정도로 많은 번역물, 저작, 사전, 영문 저작들을 내놓았다. 김동성의 전기를 집필한 김을한에 따르면, '한국 최초'라는 말은 그의 이력에 가장 많이 따라붙는 표현이자 평가이다. 언론 및 공직 활동에서의 '최초' 이력뿐 아니라, 미국에서 공부한 농학, 언론, 미술에 대한 식견과 신구 교양을 겸비한 이력에 기반하여 다방면의 문필 활동을 펼쳤다. 한국 최초의 신문학 관계 서적인 『신문학』(조선도서주식회사, 1924)을 출간했고, 한국 최초의 네 컷 신문 만화를 그리는 한편, 한국 최초의 신문 연재만화인 〈멍텅구리〉 시리즈를 이상협, 노수현과 함께 기획하여 일거에 당대의 아이콘으로 만들었다. 아울러 한국인으로서는 최초로 1928년 『한영사전』을 편찬하였다.

우리가 번역한 김동성의 『동양인의 미국 인상기』는 천리구의 문필 활동에서 그 필두가 되는 작품이다. 또한 여행기 중 일부가 당시 유일한 한국어 신문이었던《매일신보》에 5회 분량 (1918년 2월 23일~28일)으로 연재된바, 이 시기의 번역 환경과 한국어 상황을 알려주는 좋은 자료가 된다. 김동성은 이 여행기 외에도『중남미 기행』(원문각, 1954),『중국 문화사』(을유문화사, 1960) 등의 문화지(文化誌)들을 남기고 있다.

김동성의 삶과 저술, 특히 문화사적 족적을 한마디로 요약 한다면 아마 동서 횡단의 '문화 번역가' 혹은 '동서 문명의 다 리'가 되지 않을까 한다. 3·1 운동 직후 창간된《동아일보》에서 언론 활동을 시작한 김동성은, 이 신문에 코난 도일의 탐정소설 을 번역하여 연재했다는데, 이후에도 이어진 그의 〈홈즈〉 시리 즈 번역은 식민지기를 통틀어 가장 충실하고 체계적인 탐정소 설 번역이라 평가된 바 있다.[*] 일본어를 통한 중역이 아니라, 영 어 원전을 직접 번역한 희귀한 사례였다. 더욱 놀라운 점은 번 역가 김동성이, 또한 동시에 번역가들의 절대적 도구인 한국 어-외국어 대역사전의 편찬자이기도 했다는 사실이다. 한국인

---

[*] 박진영(2009)의 권말 문헌 목록 참조.

이 편찬한 최초의 한영 대역인『최신 선영사전』*은 영어 학습서인『영어 독학』(영창서관, 1926)과 나란히, 1920년대의 언어 횡단적 실천의 가장 인상적 사례 중 하나라 하겠다. 점차 일본어가 영어 등의 외국어를 매개하기 시작한 시기의 작업임을 감안하면 더욱 그러하다.

그의 번역이 영어-한국어라는 '서양 문화의 수용' 관계 안에서만 이루어진 것은 아니었다. 해방 후 새로운 세대의 한문 능력 배양과 문화적 원천에 대한 교양을 염두에 두고 펴낸『한문학 상식』(을유문화사, 1949)과『중국 문화사』(을유문화사, 1960) 집필이 상징하는 바, 김동성의 저작들은 동양과 서양의 문명 '교환'을 매개한 '다리' 혹은 넓은 의미에서의 '문화 번역'을 겨냥하고 있었다. 중국의 4대 기서인『삼국지』,『서유기』,『금병매』를 번역했고,『열국지』와『장자』의 한국어본도 번역했다. 그 스스로도 일종의 미술가(삽화가)였지만,《조선일보》시절 미국 신문의 시사만화를 염두에 두고 〈멍텅구리〉 연재만화를 기획하

---

* 金東成 著, 權悳奎 校閱.『最新 鮮英字典(The New Korean-English Dictionary)』, 博文書館, 生農園, 1928.

기도 했다. [심산(心汕) 노수현(盧壽鉉)과의 인연은 해방 후에도 이어져, 『삼국지연의』등의 중국 기서를《동아일보》등의 신문에 번역해 연재할 때, 당시 서울대학 미대 교수였던 노수현이 그 삽화를 그렸다.]

그의 저작 활동의 처음과 끝을 장식한 두 영문 저작은 김동성의 저작들이 적어도 그 의도에 있어 '수용'과 '전파'의 균형을 상정하고 있었음을 잘 보여준다. 한국인이 최초로 미국에서 영문으로 출간한 책이라 여겨지는『동양인의 미국 인상기』와 그의 마지막 책인 '위대한 칸'에 대한 소설적 전기*는 여러모로 상징적 의미가 있다. 첫 책이 미국인을 겨냥한 일종의 가벼운 비교 문명론이었다면, 마지막 책은 동양인 중 역사상 가장 잘 알려진 인물이자 (폭력을 동반한 대로) 동서 문명 교류의 최대의 공헌자였던 칭기즈칸에 대한 자기 나름의 일종의 기념비였던 셈이다. (이 저작은《코리아 헤럴드》에 "The Great Khan"이라는 제목으로 연재했던 것을 책으로 묶은 것이다. 1956년 을유문화사에서『대 칭기즈 칸』을 출간한 것을 상기하면 필생의 작업 중 하나였던 듯하다.)

요컨대 김동성은 근대적 공공 영역의 두 축인 정치와 언론

* *The Great Khan*, The Korea Information Service, Inc. 1969.

157

의 한국적 출발에 두루 관여했던 인물이었다. 일제 말기를 제외하고는 생애 끝까지 언론계, 정치계, 출판계 등의 공론장에서 떠난 적이 없었다. 그 관여 범위는 언론사, 교육사, 번역사, 만화사, 한국 행정사, 국회사 및 정치사, 어학사 전반에 걸쳐 있다고 해도 과언이 아니다. 한말, 식민지기, 해방기, 독재와 군정으로 얼룩진 한국 근현대사를 산 인물로서는 드물게 크고 작은 부침은 있었으나 역사의 무대에서 퇴장한 일이 없었으며, 미군정이나 이승만 정권, 박정희 정권에의 참여나 정치적 노선에 대한 비판이 없는 것은 아니나, 대체로 정권 내 '비판 세력'으로 간주되어 심판의 대상이나 적대의 대상이 된 일은 거의 없었던 것 같다. 수많은 저술과 정치 문화적 활동을 생각해보면 기이하다고도 할 수 있는 사례일 텐데, 어쩌면 자신의 역할을 '다리'와 '매개'로 한정한 과욕 없는 삶 때문이 아닐까 싶다. 넓은 의미의 번역자, 매개자로서의 역할 외에 적극적인 논설이나 논쟁적 평문, 언론지상의 정치적 견해 발표를 될 수 있는 한 피했던 게 아닌가 싶다. 그만큼 당위나 이상보다는 시대의 '조류'나 '현실' 혹은 '실용'을 우위에 두고, 가능한 테두리 안에서 나름의 문화적·정치적 역할을 묵묵히 해나간 '모나지 않은' 삶이었다 하겠다.

2. 『동양인의 미국 인상기』집필 전후 – 미국 유학과 저술 활동

김동성의 본관은 경주(慶州)이며, 1890년 6월 13일 경기도 개성(開成)의 명문 '토호' 집안 삼대독자로 태어났다. 그의 회고를 통해 볼 때 김동성은 생애에 걸쳐 '개성인'이라는 긍지를 갖고 있는 한편, 특히 송방(松房)의 후예로서 실용적이고 합리적인 문화 의식을 자부하였다. 중앙의 권력이나 이데올로기와 거리를 두려는 의식, 이를테면 조선의 개국에 반대하며 고려에 충성을 바친 '두문동 72인'이었던 상촌(桑村) 김자수(金自粹)의 후예라는 의식과, 관계(官界)에 진출할 수 없었던 서북인(西北人)으로서의 한(恨)과, 일찍 개명한 자로서의 소명 의식을 오갔던 듯하다. 1905년 러일전쟁 직후 경의선 협궤 군용 철도를 타고 서울에 와 느낀 소회와 관련해, 김동성은 다음과 같은 기록을 남기고 있다.

그때 서울에는 변소가 없었으니 일국 수도로서 얼마나 한심한 고장이었던가. 밤에 마늘모 등을 손에 들지 않고 행랑 뒷골목은 통행할 수가 없을 정도로 노상에는 오물투성이였다. 우

리 개성은 옛날부터 정결한 도시로 자랑해왔다.[*]

《황성신문》을 통해 처음으로 한국의 현실과 근대 문화에 눈을 떴다 하며, 제2차 한일협약(을사조약, 1905)을 전후로 민간 사학에서 열린 여러 연설회에 참여하여 신교육과 계몽사상을 접했다고 한다. 이때 이준, 안창호, 이동휘의 연설을 듣고 감발하였다는 것이다. 당시 개성 지역에서는 상인들을 중심으로 교육기관을 유치하기 위해 많은 노력을 경주했는데, 이런 노력의 결과로 설립된 학교 중 하나가 한영서원(韓英書院)[**]이었다. 바로 1906년에 설립된 이 한영서원이 김동성의 사회적 출발점이었다.

개성에는 미국 남감리교의 선교사가 차지한 교회가 있었다. 그 교회에서 서울 배재학교와 같이 교육기관을 한국에 설치할 예정이었으나 장소는 아직 결정치 못했고 서울, 개성》》, 또

[*] 김동성, 「나의 회상기 2: 선죽교와 혈죽―나는 혈죽을 보았다」, 《사상계》 제121호, 1963년 5월호.

[**] Anglo-Korean School, 현재 인천의 송도(松都)고등학교의 전신이다.

는 원산 세 곳을 후보지로 예정했다. 이 세 곳 중에서 학교 기지를 제공하는 도시에 학교를 건설할 방침이라 했다. 나는 이 소식을 듣고 임형산(林荊山)께 가서 사실을 호소하고 협조를 청했다. 임형산은 자기 집에 주연을 베풀고 개성 부호를 초청하여 5백 년래 처음으로 기부금을 그 자리에서 거두어 학교 기지를 구입하여 남감리교에 희사하니 교회는 필경 개성에 학교를 설립하기로 결정했다. 그 학교가 즉 한영서원이다. 그러나 학교는 되어도 교장 될 인물이 없었다. 선교사들은 전도 사업에 종사하고 교육에만 시간을 보낼 수는 없었다. 그래서 개성 인사 50여 인이 서명 날인한 진정서를 가지고 양국태, 이상춘, 나 세 학생이 서울 윤치호 씨를 방문했다. 이것이 인연으로 윤 교장이 개성으로 와서 살게 되었다. 그때 나는 16세 소년으로 한영서원 학생이면서 교감 일까지 보고 윤 교장의 숙소에 심부름도 했다. …… 갑신정변에 윤치호는 삼의교섭 통상사무에 임명되었다가 사건이 실패되어 개화당이 일본으로 망명할 때 상해로 가서 미국인 임악지(林樂知)가 경영하는 중서서원(中西書院)에 다녔고 또 미국 유학을 마친 뒤에 10년 만에 귀국하였다. 중서서원도 남감리교회 학교이므로 남감리교회를 한국에 수입한 인물도 윤치호이고 개성에 교회 학교

를 맡아 교장이 되니 학교 명칭도 중서서원을 본떠 한영서원
이라 이름을 지었다.[*]

한국 남감리교회는 언더우드나 아펜젤러 등이 소속된 북
감리교보다 약 10년 늦은 1895년에 선교를 시작했다. 하지만
당시 윤치호(尹致昊) 등의 조력을 통해 주로 개성, 원산, 춘천, 고
양군 등 중부 지방에서 교육 사업과 의료 사업을 시작했고, 급
속히 교세를 확장하고 있었다. 김동성 자신도 윤치호 등을 도와
한영서원 설립에 관여했고, 거기서 공부를 한 것이 계기가 되어
마치 윤치호의 행로가 그러했듯이 중국을 교두보로 하여 미국
유학길에 올랐다. 남감리교와의 인연이 그의 중국 유학이나 미
국 남부에서의 정착에 결정적인 역할을 한 셈이다.

김동성은 1년 반 남짓 한영서원의 운영을 보좌하며 공부하
다 1908년 한국을 떠나 중국 쑤저우(蘇州)로 건너가 둥우 대학
(東吳大學)에 입학하였다. 둥우 대학은 남감리교 계통의 학교로,
당시의 교장은 미국인 데이비드 로렌스 앤더슨(David Laurence

---

[*]   김동성, 「나의 회상기 3: 여권 없이 미국유학」, 《사상계》 제122호, 1963년 6월호.

Anderson, 중국명: 孫樂文, 1850~1911) 박사였다고 한다.

나는 한영서원을 졸업하고 중국 소주(蘇州)에서 1년간 유학하다가 미국으로 갔다. 당시 내 친구들은 3, 40명이 일본에 유학 갔으나 내가 아니 갔던 이유가 있다. 내가 8, 9세 때 목도한 일이 있다. 개성에 일본인이 10여 호 내주했다. 그들은 고리대금을 영업으로 한인에게 빚을 주는데 사촌의 집이라도 전당을 잡고 한 달 기한을 주었다. 대개는 제 기한에 갚지도 않고 또 기한에 돈을 가져가도 주인이 피하고 이튿날 6, 7명의 일본인이 작대기를 집고 그 집에 가서 식구를 두들겨 내쫓고 집 대문을 잠근다. 어린 나는 다른 어린이들과 따라다니며 그 참혹히 몰려 나가는 집안 식구의 가련한 광경을 보고 일본 놈은 모두 강도라는 증오감이 내 마음에서 사라지지 않았다. 그래서 나는 일본에 유학할 생각이 없어 반대 방면으로 중국에 갔다가 다시 미국으로 갔다.[*]

***

[*] 김동성, 「나의 회상기 3: 여권 없이 미국 유학」, 《사상계》 제122호, 1963년 6월호.

163

한영서원 졸업생들 대부분의 선택과 달리, 김동성은 매우 의식적으로 처음부터 일본을 유학지에서 배제해버렸다. (김동성은 식민지 시기 지식인으로서는 드물게 일본어를 거의 하지 못했고, 따라서 그의 번역들은 거의 영어나 한문으로부터의 번역이었다.) 그리고 약 1년간의 중국 유학 후, 잠깐 귀국하여 모친의 정식 유학 승낙을 얻은 다음, 다시 미국 유학길에 오르게 된다. 모친은 "한학에 조예가 깊"고, "중원을 항상 동경"했다고 한다. 중국 유학은 그의 정치적 식견이나 교양 외에도, 매우 실질적인 도움을 주었던 것 같다. 이때 영어교사와 유학생 사이로 만난 로이 앤드슨(불명)이라는 인물이 신해혁명 후 중화민국 북경 정부의 대총통 고문으로 있었기에, 김동성은 앤더슨의 도움으로 서세창(徐世昌) 총통 이하 최고급 관리들에게서 《동아일보》 창간 축사를 받을 수 있었으며, 아울러 앤더슨 박사와 학문적 교우를 갖고 있던 양계초(梁啓超), 장병린(章炳麟), 채원배(蔡元培) 등 당대 최고 학자들의 축필(祝筆)을 단 일주일 만에 받을 수 있었다.* 《동아일보》 창간기의 아시아주의적 색채나 중국 연대론과도 유관한 대목이라

---

* 김동성, 「나의 회상기 4: 최초의 특파원」, 《사상계》 제124호, 1963년 7월호.

하겠다.

김동성의 회고에 따르면, 미국 유학은 개성의 남감리교 선교사 왕영덕(王永德, 1880~1964)의 소개로 인해 가능했다 한다. 선교사 왕영덕의 미국 이름은 알프레드 워싱턴 왓슨(Alfred Washington Wasson)이었는데, 그는 남감리교 감독 캔들러(Candler)와 함께 한영서원 설립을 주선했던 사람으로서, 왓슨의 주선으로 그의 고향 아칸소 주로 유학하게 되었다는 것이다.

하지만 여행권을 구하지 못해, 김동성은 둥우 대학에 다니는 중국인으로 행세하며 중국인 가족에 섞여 밀항할 수밖에 없었다. 상해에 도착한 김동성은 요코하마를 거쳐 미국 서부로 들어가는 길이 아니라, 영국을 거쳐 미국 동부로 들어가는 길을 잡는다. 이때 김동성은 독일 상선 '프레드릭 친왕호'를 타고 태평양, 인도양, 대서양을 돌아 미국에 이르는 일종의 첫 세계 여행을 하게 된다. 홍콩, 싱가포르를 거쳐 인도양을 항해하고, 거기서 다시 이집트, 이탈리아, 알제리에 경유하여, 지브롤터(스페인 남단)를 거쳐 영국 사우샘프턴에 도착하는 먼 뱃길이었다. 런던에 4일간 체류한 후, 다시 사우샘프턴에서 배를 타고 1주일 만에 미국 뉴욕에 도착했으니, 미국 유학길 자체가 세계 여행이 되었던 셈이다. 그가 안중근 의사의 이토 히로부미 저격 소식을 들은 것은 이집트 알렉산드리아 항구에서였다. 상해에서 영국까지는 3등객, 영국에서 미국까지는 하류 이민자들과 섞이지 않기 위해 2등객으로 여행했다고 하는데, 필시 여권 등의 서류를 전혀 갖추고 있지 않아 입국 수속을 염려했던 것이 아닌가한다.

3등객은 검역 관계로 엘리스 섬(島)에 일단 수용하나 1, 2등 선객은 이민관의 검열만 통과하고 상륙한다.

이민관이 여행권을 보자 해서 나는 중국 소주에 갔던 한문 여행권을 제시했다. 이민관은 들고 보더니, "읽을 수가 없다" 한다. 나는 얼른 대답하여 "당신이 읽을 수 없는 것은 나의 잘못이 아니오" 했더니 이민관은 픽 웃었다. 그래서 그는 능청으로 나더러 통역관을 한 사람 데려 오라 한다. 나는 "당신이 보듯이 나는 외국 학생으로 지금 뉴욕에 처음 도착했으니 통역을 쓰려면 당신이 부르셔야겠소" 하고 대답하여, 이민관과 나는 서로 이론을 한참 캐다가 상륙을 허락하니 결국 나는 여행권 없이 입국한 셈이니, 그때는 아직 까다로운 이민법도 없는 좋은 시절이었다.*

김동성의 미국 입국 기록

1909년 2월 20일 작성된 문서로 보아 이날이 김동성의 미국 입국일이다. 입국 서류 5번 항목에 김동성의 이름, 나이, 국적과 출신지, 보호자 이름이 적혀 있다. 최종 목적지가 아칸소 주의 콘웨이로 기재되어 있다.

1892년 문을 연 엘리스 섬의 출입국관리소(Ellis Island Immigrant Station)에 그의 입국 기록이 보관되어 있다. 이 문서는 1909년 2월 20일에 작성된 것으로, 김동성이 타고 온 배의 이름은 '필라델피아 호'이고 사우샘프턴(Southampton)에서 출항한 것으로 되어 있다. 이 날짜가 김동성의 미국 입국일이다.

위 서류의 5번 항목에 있는 김동성의 입국 기록에 따르면, 그는 19세의 학생으로 한국적의 한국인으로 송도 출신(이서된 두 번째 서류에는 'Longdo'로 잘못 기재되어 있다)으로 되어 있고, 보호자는 어머니인 이 씨(Mrs. Lee Kim)라 적었다. 최종 목적지를 아칸소(Arkansas) 주 콘웨이(Conway)라 적은 것을 보면, 이미 유학 장소를 거기로 정한 후 입국한 것 같다.

1909년 고국을 떠나 미국 뉴욕에 도착한 김동성은 뉴욕에서 트렌턴을 거쳐 남부로 향한다. 1912년까지 아칸소 주 콘웨이에 있는 헨드릭스 대학(Handrix College)에서 중등 교육 과정을 이수했다.** 앞서 말한바 한영서원의 제3대 교장이자 영어 교사

---

* 김동성, 「나의 회상기 3: 여권 없이 미국 유학」,《사상계》제122호, 1963년 6월호.

** 《신한민보》1910년 5월 11일자와 1912년 1월 22일자 참고.

최근에 전산화된 김동성의 미국 입국 기록

였던 왓슨의 주선이었고, 독지가 포니 허친슨(Forney Huchinson, 1875~1957)으로부터 학비 지원을 받았다. (후에 김동성은 『동양인의 미국 인상기』를 허치슨에게 헌정했다.)

미국 유학 때의 대학 과정 전공이나 미국에서 이력에 대해서는 그간 약간의 착오가 있어왔고, 아직 분명치 못한 점들도 적지 않다. 그의 언론계 활동과 『신문학』(1924) 집필로 인해 흔히 신문학을 전공한 것으로 알려져왔으나, 1913~1915년 콜럼버스에 있는 오하이오 주립대학교(Ohio State University) 교육 대학에 입학한(1912년 9월 17일) 후 1년 만에 자퇴하고, 다시 농학으로 전공을 바꾸어 1915년 12월 8일까지 대략 3년간 재학했던 것으로 보인다.[*]

다만 흥미로운 것은 1915년에는 신시내티 미술학교(Academy of Cincinati)에 입학하여 대중 예술, 즉 잉크펜 회화를 공부했던 것으로 추정된다는 점이다. 《동아일보》와 《조선일보》에서 기자 생활을 하며 각각 만평과 연재만화를 기획할 수 있었던 것도 바로 이러한 미술 공부의 경험 때문이었다.[**]

---

[*]   자세한 경위에 대해서는 박진영(2009) 참조. 《신한민보》 1916년 11월 9일자 등.

이 그림은 본보의 저착하는 력사담에쓰기 위하야 쳥년회빅 김동셩군에게 의 향을 쥬어 그린 것이라 이 그림의 뜻은 무릇 나라를 위하야 도라가는 어른의

령혼은 런 사가 반다시 붓들어 날으키어 구름을 타고 런샹에 울으리라 함

이라

高節亮風 (고절량풍)

New Korea

화 빅 김동셩군 필

《신한민보》 1917년 4월 5일자에 실린 김동성의 삽화. '높은 절개와 밝은 가르침은 만 고에 남으리라'는 뜻의 고절양풍(高節亮風)과 '새로운 한국'이란 뜻의 뉴 코리아(New Korea)를 새겨 넣었으며, 애국자의 구원을 종교화의 형식으로 묘사하고 있다. 종교적 도상과 문인화적 서예, 현대 신문 삽화의 기예를 두루 혼용하여 새로운 한국에의 염원 을 정치적으로 표현하고 있다.

사실 김동성은『동양인의 미국 인상기』의 삽화뿐 아니라, 미국 유학 당시에 현지 한국어 신문『신한민보』에도 만평을 발표(1917년 4월 5일자 3면)한 바 있었다. 만평 좌우에 달린 신문 편집자의 설명(캡션)에 따르면, "무릇 나라를 위하여 돌아간 어른의 영혼은 천사가 반드시 붙들어 일으켜 구름을 타고 천상에 올리리라"는 뜻을 담았다고 한다. 태극기를 두르고 쓰러진 애국자를 천사가 구원해내고 그의 죽음으로 "새로운 한국(新韓, New Korea)"이 신생하리라는 기대를 표현하고 있다. 그림의 도상들이나 구도는 미켈란젤로의 〈천지창조〉(1512)로부터 인유(引喩)한 것으로 판단된다. 신앙인으로서의 양심과 애국이라는 모티프를 중첩시켜, 종교화의 고전을 정치화(政治畵)의 틀로 변형 혹은 패러디하고 있다. 만평 왼쪽에, 문인화풍의 필치로 "고절양풍(高節亮風)"이라 써서, '높은 절개와 밝은 가르침은 만고에 남는다(高節亮風萬古存)'는 화의(畵意)를 전하고 있다.

　　김동성의 유학 이력이나 '졸업'에 대한 언급이 적잖으나 학적부상으로 보아 두 곳 모두 수학은 했지만 졸업을 하지는 않

** 보다 자세한 이력에 대해서는 박진영(2009) 참조.

왔던 것 같다. 농학, 미술 공부 및 만평 발표 이외에 미국 행적에 대해서는 더 조사해야 할 부분이 많다.

김동성의 유학 시절을 알려주는 한편 이 시기 가장 뚜렷한 업적이라 할 만한 작품이 바로, 우리가 번역한 미국 문명에 대한 에세이 『동양인의 미국 인상기』이다. 여기에는 김동성 자신의 미국 체험이나 인상기뿐 아니라, 미술가로서의 이력이 녹아든 풍부한 함의의 삽화가 다수 수록되어 있다. 당시 유럽이나 미국에서는 여전히 여행기나 민족지 관련 서적이 큰 인기를 끌고 있었는데, 그래서인지 현지 언론으로부터 상당한 주목을 모았다. 김동성의 자신의 언급을 취해 볼 때, 그는 세계 여행기를 즐겨 읽었고(「작가들」), 따라서 여행 문학에 친숙했을 뿐 아니라 "직접 본 대로 쓴 글"을 좋아했다. 책 출간 덕택에 각지를 여행하기도 하고 좋은 가정교사 자리를 구할 수 있었다고 한다.

현재까지 확인된 그의 문필 활동을 간략히 소개하면 다음과 같다.

《동아일보》 연재소설

제목	연재 기간
「그를 믿은 까닭」	1920년 5월 28일 ~ 6월 1일
「농조(籠鳥)」	1920년 8월 4일 ~ 8월 21일
「엘렌의 공(功)」	1921년 2월 21일 ~ 7월 2일
「붉은실」	1921년 7월 4일 ~ 10년 10일
「괴물」	1923년 3월 25일 ~ 5월 15일
「숙녀의 광휘(光輝)」	1923년 10월 29일 ~ 11월 4일
「공작부인」	1923년 11월 5일 ~ 11월 20일
「도깨비」	1923년 11월 14일 ~ 11년 20일
「대 칭기즈 칸」	1955년 10월 26일 ~ 1956년 3월 16일
「삼국지연의」	1956년 9월 1일 ~ 1960년 4월 29일

단행본

제목	출판사	출판년도
Oriental Impressions in America	Abingdon Press	1916
「엘렌의 공(功)」	신생활사	1923
「붉은 실」	조선도서주식회사	1924
「신문학(新聞學)」	조선도서주식회사	1924
「영어 독학」	영창서관	1926

제목	출판사	출판년도
『라디오』	합명회사 DK라디오상회	1927
『최신 선영사전』	박문서관·성농원	1928
『실제 소채원예』	영창서관	1930
『최신 한영사전』	대한출판사	1945
『미국 인상기』	국제문화협회	1948
『한문학 상식』	을유문화사	1949
『중남미 기행』	원문각	1954
『대 칭기즈 칸』	을유문화사	1956
『중국 문화사』	을유문화사	1960
『삼국지』 전 5권	을유문화사	1960
『금병매』 전 3권	을유문화사	1960
『서유기』	을유문화사	1962
『장자 (한한(漢韓)대역)』	을유문화사	1962
『열국지』	을유문화사	1964~65
『첼리나 자서전』	을유문화사	1967
The Great Khan	The Korea Information Service, Inc	1969

＊그 외 「만화입문」(《학생》, 1930년 4~8월호) 등 다수의 기고문.

특히 미국 유학 생활의 체험을 삽화와 에피소드를 곁들여 써나간『동양인의 미국 인상기』는 저술가로서의 김동성의 생애의 출발과도 같은 작품이자, 1923년 전후의 강용흘(Kang Young-hill)의 등장 이전까지만 해도 미국에서 출간된 거의 유일한 한국인 저작의 단행본이었다. 학자이자 운동가로 알려졌던 이승만의『미국의 영향 하 영세중립론』*과 함께 이 저작은 20세기 초 한국인이 미국에 남긴 몇 안 되는 영문 출판물 중 하나이다.

* Rhee, Syngman, *Neutrality as influenced by the United Statesm*, Princeton University Press, 1912.

3. 미국은 무엇이고, 미국인은 누구인가 – 『동양인의 미국 인상기』에 대하여

『동양인의 미국 인상기』는 1916년 신시내티의 아빙돈 출판사(The Abingdon Press)에서 간행되었다. 아빙돈 출판사는 주로 미국 감리교(Methodist) 계통의 신학 서적들을 출판하던 곳으로, 1789년 설립되었다. 《캔자스시티 스타》의 신간 관련 기사[*]를 통해 알 수 있듯이, 실질적으로는 감리교출판회(The Methodist Book Concern)의 도움으로 출판되었다. 현재 미 국회도서관에 소장되어 있으며, 총 36면의 소책자로서 팜플렛에 가깝다. 추천사 형식의 간단한 머리말과 서문, 총 24개의 에피소드와 책 곳곳에 배치된 15편의 삽화로 구성되어 있다.[**]

책의 「머리말」에 김동성과 그의 책을 위한 헌시를 쓰고 있는 메리 맥밀런은 "배움의 웅대한 뜻을 품고 온/ 기개가 가득하며, 두 눈은 차분하고,/ 황금의 가슴을 지닌 지극히 현명한

---

[*] "Book News," *Kansas City Star,* February 12, 1916. 이 책의 133~136쪽에 우리말 번역본이 수록되어 있다.

[**] 원문은 다음의 사이트에서 확인할 수 있다. https://archive.org.

청년"이라 소개하고 있다. 비슷한 시기에 신시내티를 중심으로 활동했던 시인 겸 극작가로 동일한 이름의 메리 맥밀런(Mary Louise MacMillan, 1870~1936)이 있는 것으로 보아 동일 인물이 아닌가 한다. 한편, 「서문」을 쓴《신시내티 인콰이어러(Cincinnati Enquire)》편집장 윌리(W.F. Wiley)는 이 책을 "동양 정신의 다재다능함과 민첩함"을 통해 "서구 문명의 사유와 활동과 약점을 포착"한 작품이라 소개한다.

출간 과정을 참고하자면, 애초에는 감리교단이나 신시내티 등의 남부 지역사회 정도를 독자층으로 생각했던 것이 아닌가 싶다. 하지만 확인된 언론 보도만 하더라도 보스턴, 아이다호, 캔자스시티의 지역지 등에 걸쳐 있으며, 《세계 전망(World Outlook)》등 감리교단 쪽의 관심도 확인된다. 특기할 만한 것은, 김동성이 귀국 후 자기 스스로 국한문으로 번역하여, 《매일신보》에 〈미주의 인상(米州의 印象)〉이라는 제목으로 5회에 걸쳐 연재하기도 했다는 사실이다. 책과 신문기사를 대조해보면, 매우 간결하고 위트 넘치는 영어 문장이 어떻게 당대 한국의 신문기사에 합당한 상당히 딱딱하면서도 문식(文飾)이나 감상이 절제된 형태의 국한문체로 번역되어야만 했는지가 잘 드러난다. 문학사, 문체사를 이해하는 데에도 좋은 참고가 된다.

「서문」을 쓴 윌리는 김동성의 유머를 강조하며, "기발하고 건전하다"고 평하고 있다. 아울러 "정확한 판단과 안목"으로 실제로 있는 그대로의 서양 문명에 대한 논평을 하고 있다고 적었다. 서양 고전에 대한 인유가 많은 대로, 대체로 범박하고 간결한 문체라 여겨진다. 반면, 한국에서《매일신보》에 번역해 실은 국한문체 기사는 네 자나 두 자로 된 한자어를 많이 사용하고 있고, 소재 역시 미국 도착 당시의 정황이나 시가지 풍경, 도서관의 유용성과 같은 '문명' 소개나 의복과 음식에 얽힌 에피소드에 한정되어 있다. 미국식 유머의 한문 한자식 표현은 적어도 오늘날의 감각으로는 충분히 전달되지는 않는 듯하다. 특히 유머를 낳은 요소 중 하나인 서양 고전의 패러디들이 사라져 있어, 오늘의 눈에서 보면 다소 건조한 편이다. 소설어와 설명적·논설적 언어 사이에 놓일 법한 '에세이'류의 문체가 한국어에서는 거의 1920년대에 가서야 확립되기 시작했던 사정도 감안해야 할 것이다.

이 책 출간 전후의 감리교 계통 인사들의 김동성에 대한 평가는 다음과 같은 조지 허버 존스의 평가를 통해 엿볼 수 있다.

이 한국인은 지금도 여전히 외국에 있으며, 언젠가 고국으로

돌아간다면 턱 밑에서 잡아매는 운두 높은 모자를 다시 쓰고
선조들의 나라에 대한 평화로운 만족에 잠겨 안주하기 위
해서는 아닐 것이라고, 조지 허버 존스는《세계 전망》에서 전
했다. 그는 한 사람의 선생이자, 지도자이자, 머나먼 저편에
있을 보다 나은 비전을 고무하는 사람이 될 것이다.[*]

약 20년간 한국에서 미국 북감리교 선교사로서의 사역을
마치고, 플로리다에 돌아가 있던 조지 허버 존스는 감리교 잡지
《세계 전망》에 기고한 한 글에서, 김동성에 대해 위와 같은 높은
평가를 남기고 있다. 비슷한 시기, 조지 허버 존스의 『기독교와
세계 민주주의(Christianity and World Democracy)』도 감리교출판회
에서 출간되었기에, 직접적인 접촉은 알 수 없으되 책은 자연히
접했을 것이다. (10여 년 후 김동성은 존스의 『영한서전』 편찬을 상속하
면서도 이를 한국어 중심으로 재편한 『최신 선영사전(最新鮮英事典)』을

---

[*]   조지 허버 존스(George Heber Jones), 한국명 조원시(趙元時)가 『세계 전망』에서 내린
    평가. 다음 문헌에서 재인용. "Odd Impressions of an Oriental: More Devotional Spirit
    is Desirable in Churchs of America," *Boston Journal*(Massachusetts: Boston), July 28.
    1916, p. 7.

편찬하여 출간한다.)

출간 당시의 서평 기사들을 참고하면서 저자의 주요 관점을 각각 교차 문화적 평가, 신앙의 관점에서 본 미국, 여성 문제나 사랑 및 결혼 제도에 관한 젠더적 관점, 미국의 자유와 대중문화에 대한 평가 등의 네 요소를 통해 일견해보고자 한다. 그런 연후에 글쓰기상의 특징, 특히 인유(引喩)와 번역의 문제에 대해 상론해보고 싶다.

(1) 교차 문화적 상호 평가 – 가치의 문제

『동양인의 미국 인상기(Oriental Impressions In America)』는 제목 그대로 동에서 서를 가로지르게 된 한 동양인의 미국 체험과 그 인상을 기록한 것이다. 우선 주목되는 점은 1910년대 미국의 인종주의적 시선에 대한 삽화들과 간략하지만 의미심장한 논평들이다. '서양 문명의 철학'에까지 파고든 글이라 하기는 어렵지만, 에피소드를 전하는 저자의 태도에서 동서 문명의 차이를 '충돌'보다는 '만남'으로 이해하려는 교차 문화적 시선을 짐작해볼 수 있다.

《캔자스시티 스타》의 서평 기사(1916년 2월 12일자)는 쥐고기를 먹는 '칭크'(중국인을 멸시하여 부르는 말) 취급을 받은 이 한국인의 평정심을 특기한다. 김동성은 동양인에 대한 관례화된 편견에 분노하기보다는, 두 삽화를 '교차'시키는 서술 태도를 취한다. 동양인 혹은 중국인이 쥐고기를 먹는지 아닌지에 대한 논쟁보다는, 차라리 서양의 개구리 다리 메뉴를 보고 당황하는 동양인의 당혹감을 나란히 배치시키는 식이다.

또 《아이다호 스테이츠먼》*에 따르면 아이다호를 방문한 김동성은 별 이유 없이 관청에 붙들려 가, 공무원에 의해 재미 중국인 결사(tong)나 수상한 사람으로 오해받기도 한다. 앞의 두 사례에 대응하는 김동성의 필치는 일종의 '미국식 유머'에 가깝다. 김동성은 분노를 표현하기보다, "빌헬름 가(관청가)의 생각"이 그렇다면 오히려 "이 사건은 어쨌든 보이시 시의 치안이 얼마나 효율적인지를 보여주었다"고 위트 있게 쓰고 있다. 또한 이를 보도한 아이다호 지역 신문의 보도 역시 이러한 인종적 편견을 넘어 교차 문화적으로 상호 평가를 수행할 것을 촉구하는 듯한 어조로 되어 있다.

---

* "Dong Sung Kim Writes of U.S.," *Idaho Statesman*, September 14, 1917. 이 책의 140~144쪽에 우리말 번역본이 수록되어 있다.

김동성이 기획한 한국 최초의 연재만화 〈멍텅구리〉

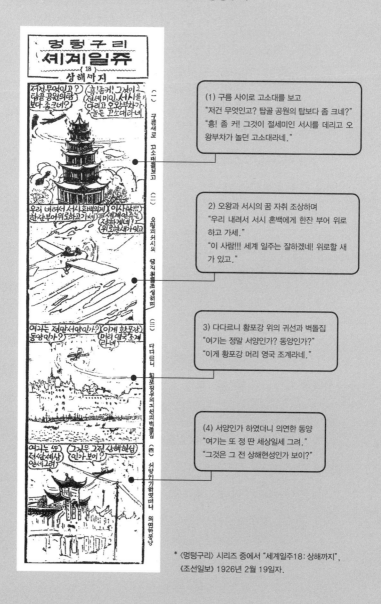

(1) 구름 사이로 고소대를 보고
"저건 무엇인고? 탑골 공원의 탑보다 좀 크네?"
"흥! 좀 커! 그것이 절세미인 서시를 데리고 오왕부차가 놀던 고소대라네."

2) 오왕과 서시의 꿈 자취 조상하며
"우리 내려서 서시 혼백에게 한잔 부어 위로하고 가세."
"이 사람!!! 세계 일주는 잘하겠네! 위로할 새가 있고."

3) 다다르니 황포강 위의 귀선과 벽돌집
"여기는 정말 서양인가? 동양인가?"
"이게 황포강 머리 영국 조계라네."

(4) 서양인가 하였더니 의연한 동양
"여기는 또 정 딴 세상일세 그려."
"그것은 그 전 상해현성인가 보이?"

* 〈멍텅구리〉 시리즈 중에서 "세계일주18: 상해까지",
《조선일보》 1926년 2월 19일자.

이러한 교차 문화적 서술은 근대 기계류의 미국과 평화로운 한국을 대조하는《캔자스시티 스타》서평의 한 대목에서 가장 전형적으로 나타난다. 이 서평은 근대 기계류들이 없고 따라서 수많은 산업 재해로 인한 장애도 없는 한국의 사례를, 열차 사고로 인해 허다한 인명이 다치고 죽는 미국의 경우와 나란히 놓고 비교하고 있다. 고도 문명에 대한 동경도, 저개발된 자연에 대한 모멸이나 찬양도 여기서는 찾기 어렵다. 어쩌면 이는 자신이 결여했거나 지나온 것을 하나의 '가치'로 인정하려는 태도와 관련되어 있는 것일지도 모른다. 여기서 우리는 문명화된 미국에서 인종적, 문화적 소수자로서 스스로의 정체성을 방어해야만 했을 한 동양인의 균형 감각을 떠올려볼 수도 있을 것이다. (비록 그것이 일말의 자기 오리엔탈리즘이나 미국 남부식 노스텔지어와 관련되어 있다 하더라도.) 예컨대, 미국의 발달된 신문 문화를 설명할 때에도 김동성은 중국 당나라 시대부터 신문이 있었지만 미국에서 꽃피었다는 것, 정치와 신문이 미국 문명을 이끌어 가지만, 거기에는 인간 고유의 실수와 편견들이 존재한다는 사실을 부기한다.[*] 근대 문명의 주요 요소들에 대한 김동성의 평가들은 '동양에도 있었으나, 서양에 이르러서야 꽃핀 문화'라는 클리셰를 통해 반복된다.

미국 문명을 높이 평가하면서도, 미국인의 편견이나 산업화의 뜻하지 않은 결과에 유보를 다는 위트 있는 서술들로 인해, "한국에 없기에 결과적으로 이 동양인에게 깊은 인상을 남긴 풋볼, 야구, 댄스, 공공 도서관, 신문, 대통령, 자동차 및 다양한 여러 사물"에 대한 김동성의 관점은 "기발하고도 건전"하며, "정확한 판단과 안목"을 가진 것이라 평가되고 있다.

(2) 순수한 동양인의 신앙심과 미국 교회의 냉담 – 신앙의 문제

타자를 통해 자신의 약점을 발견하는 것은 문화적으로 개방된 현대 사회의 고유한 특징 중 하나이다. 이 인상기 속에서 미국 언론이 발견한 것은 발달한 미국 문명에 대한 자부심보다는, 오히려 현대 문명이 빚은 일종의 '타락'의 측면이었던 것으로 보인다. 예컨대, 조지 허버 존스의 견해를 인용하며 작성된 《보스턴 저널》**은 다음과 같은 표제를 달았다. "한 동양인으로부터의 뜻밖의 인상기: 미국 교회에는 보다 독실한 신앙심이 필

---

*   제1부의 「신문」(111~112쪽) 참조.

**   "Odd Impressions of An Oriental," *Boston Journal,* July 28, 1916. 이 책의 137~139쪽에 우리말 번역본이 수록되어 있다.

요하다."

아마 김동성은 개신교의 본고장이자 청교도들이 개척한 땅인 미국에는 독실한 신앙심을 지닌 신자들로 충만하리라 생각했던 것 같다. 그가 만난 선교사들, 모든 면에서 척박하기 그지없는 극동까지 건너온 선교사들의 신앙은 개개 '근본주의적'이었고 소명에 가득 찬 것이었기 때문이다. 그러나 김동성은 뜻밖에 종교에 냉담할 뿐 아니라, 열정이 없는 교회를 보고 놀랐다. "경이롭고 놀라운 일"이라는 표현으로 집약되는 미국 현대문명에 대한 그의 반응은, "상당한 실망을 안겨준 장소"로서 주저 없이 미국 교회를 지적하게 했다. 과연 「교회 다니기」 에피소드 옆에는, 밖으로 난 조그만 창문 밑의 어둠 속에서 띄엄띄엄 앉아 있는 열정 없는 '노(老)신자'들의 삽화가 그려져 있다.

신앙과는 다른 목적으로 교회에 오는 사람들(요즘 표현으로는 '교회 여자 친구나 동생' 혹은 '교회 오빠'나 교회 동생에 더 관심이 많은 사람들)을 향한 김동성의 질문은 재치 있는 것이면서도, 약간의 비난조가 섞여 있다. "젊은이들은 여신들의 전능함을 찬양하기 위해 교회를 다니는 것인가? 우리가 생각하기에는, 정말 여신을 찬양하는 것이라 해도 조금 더 독실한 신앙심을 보이는 게 좋지 않을까 싶다."** 그렇다고 무작정 선교를 우선하여 뭇 사람을 곤경에 빠지게 해서도 곤란하다.

김동성의 결론은 이렇다. "교회에 나가는 것은 우리 양심의 지시에 따르는 일이 되어야 한다." 어쩌면 조지 허버 존스로서는 이러한 김동성의 견해를 보며, 김동성이 장래 한국의 선생, 지도자, 저편에 있을 보다 나은 비전의 고무자가 될 것이라 확신했을지도 모르겠다.[**]

(3) 사랑과 결혼, 여성과 가정에 대한 생각 – 젠더의 문제

김동성이 미국의 양성평등과 사랑 문제에 대해 내린 평가는 양가적이었다. 지적·정치적으로 높은 수준의 교양을 갖춘 미국 여성들에 대한 참정권 부여를 주장하는 한편, 유행 (의상) 문화나 물질적 부 중심의 배우자 선택에 대해서는 비판적인 입장을 숨기지 않고 있기 때문이다.

우선 그는 미국 여성들의 지적 수준을 높이 평가하며, 언제나 레이디 퍼스트를 외치는 "왜 남성들이 투표권처럼 사소

---

[*] 제1부의 「교회 다니기」(65~66쪽) 참조.

[**] 이 책의 139쪽, 우리말 번역본 참조.

한 것을 여성들에게 내주기를 주저하는지 도무지 모를 일이다"
라고 말한다. 《아이다호 스테이츠먼》에서도 주목하고 있듯이,
김동성이 보기에 "몇몇 여성은 소위 '자격이 충분한' 정치가들
보다 공직에 더 적합하다." 김동성은 밥줄을 잃을까 두려워하
는 남성들의 무지를 경쾌하게 비꼰다. 정치는 남성이 지배하지
만, "여성은 남성들을 완전히 지배한다"는 문장은 바로 옆에 그
려진 삽화, 즉 광장에서 사소한 만족에 젖어 있는 '작은 남성'과
실질적 지배를 행사하고 있는 '커다란 여성'의 도상을 통해 가
시화되고 있다.*

　　김동성이 보기에, 가정과 유행 의장의 소비에 갇혀 있는
여성들과 "여성용 모자 가게의 청구서에 파묻혀 있는" 남성들
을 동시에 해방시키는 방법은 간단하다. 여성들을 정치에 참여
시키면 되는 것이다. 여성들을 정치의 영역에 끌어낸다면, 당장
은 육아를 분담하는 고통이 있을지라도, 대의를 위해서나 경제
를 위해 바람직한 일이 될 것이라는 주장이다.* 이러한 그의 주
장은 미국의 당대 여권운동의 분위기가 반영된 것으로, 실제로

---

*　이 책의 86쪽에 실린 삽화 참조.

4년 후인 1920년 헌법 수정 조항 제19조에 의해 여성 참정권이 실현되었다.

그렇다고 김동성의 여성관이나 젠더 의식이 반드시 진보적이었다고 말하기는 어렵겠다. 김동성이 흔히 댄스 문화나 의상 문화와 관련해 이따금씩 드러내는 여성관은 얼마간 보수적인 것에 가깝다. 남부의 농경문화와 함께 남부의 "가장 고귀하고 순수한 미국 혈통의 아름다운 처녀들"을 찬양하는 김동성의 입장은 한 언론의 표현대로라면 약간은 "그다지 곱지만은 않은 견해" 혹은 남성의 시선에 의해 획득된 편견에 가까워 보인다.** 그의 입장은 여성에 대한 정치적 옹호와 풍속 비판 사이에 놓여 있던 셈이다.

김동성의 이러한 관념은 '사랑'이라는 문제에 대한 그의 관점에 잘 나타나 있다.

우리는 사랑이란 별 볼 일 없는 것에 지나지 않는다고 믿게 된

---

* 제1부의 「여성 참정권」(85~87쪽) 참조.

** 《아이다호 스테이츠먼》 1917년 9월 14일자. 이 책의 140~144쪽 우리말 번역본 참조.

다. 우리 고국에서는 부모가 젊은이들의 배우자감을 골라주므로 젊은이들은 사랑하는 법을 배워야 하는데, 미국은 정반대의 상황이다. 젊은이들은 대단한 자유를 누리고 있어서, 그러고 싶다면 스스로가 선택한 이와 사랑의 도피를 할 정도다. 하지만 미국에서는 이런 적극적인 사랑 고백에 아가씨들도 예외가 아니다. '독신 남자'가, 현대 가정에서 요구하는 수준을 충족시키지 못하는 대단찮은 수입을 가진 남자를 극히 온건히 표현한 말이 된 것도 이 때문이다. 이웃보다 조금 더 재산이 많은 이가 있다면, 동네에서 제일가는 미녀가 그를 먼저 선택한다. 그녀가 우생학을 배우는 학생이 아니라면 말이다.

—제1부 「사랑」 중에서

사랑을 새롭게 배워야 하는 한국의 젊은이나, 사랑의 자유를 가졌지만 '수입'이나 '재산'과 같은 경제적 요인에 의해 배우자를 결정하는 미국의 젊은이나 곤란하기는 마찬가지라는 것이다.

서양식, 구체적으로는 미국식 사랑에 대한 김동성의 비판적 평가는 이렇다. 우선 신부의 유행 취향을 감당할 수 있는 주머니가 있어야 하고, 외모가 출중해야 하며, 그런 연후에야 마지막으로 그녀를 사랑할 수 있다. 김동성은 오히려 사랑은 여러 필요조건 끝에 오는 마지막 조건 중 하나일 뿐이 아니냐고 반문한다. 포드 사가 만든 쿠페형 자동차를 살 수 없다면, 사랑의 감정이란 미국인에게 재앙일 뿐이라는 김동성의 생각은 연애와 자본주의 사회의 관계에 대한 적절한 촌평처럼 느껴진다. 자동차와 사랑, 그리고 미국식 성(性) 혁명은 과연 떼어놓을 수 없는 관계이기 때문이다. 전도사가 되기 위해 쿠페형 자동차라는 미래를 포기하겠다는 남자친구의 결심을 들으며 낙담하는 한 미국 아가씨에 대한 묘사는 그래서 인상적이다. 그런 사랑이라면 '별 볼 일 없는 것'이 아닌가.

부모가 배우자를 결정하는 한국 문화보다, 서양의 맞선 문화가 반드시 낫다고는 볼 수 없다고 쓰고 있는 스물여섯 살의 김동성에게, 경제가 결정하는 '사랑'보다는 오히려 상대의 미래를 발견하려는 '우생학'과 따뜻하고 충실한 '미국 가정'이라는 제도야말로 보다 나은 것처럼 비춰졌다.

그렇다고 이러한 생각이 그렇게 완고하고도 진지한 것만은 아니었다. 《아이다호 스테이츠먼》의 서평처럼, 김동성은 자신의 삽화 속에서 미국 여성의 아름다움을 '달콤한' 필치로 그려내고 있을 뿐 아니라, 남부 여성들의 순수함에 매혹되어 있었던 까닭이다. 그러한 아름다움과 순수함을 자유롭게 영위하고, 또 사랑으로 이루어내는 일을 방해하는 자본주의적 경제관념에 그의 사랑 비판의 핵심이 있었던 게 아닐까.

말할 것도 없이 이러한 비판에는 세속주의에 대한 '양심'을 주장하는 미국 남감리교의 입장이 은연중에 배어 있었던 것으로 판단된다. 그도 그럴 것이 김동성 스스로가 말하길 그는 "미국을 보기 한참 전부터도 전형적인 조용한 남(南)감리교 신자"(「춤」)였던 것이다. "가장 고귀하고 순수한 미국 혈통의 아름다운 처녀들"이 있는 남부에 대한 그의 애착은 그 자체로 일견 순수한 미적 관심처럼 보인다. 하지만 보기에 따라서는, 이 애착에는 앞서의 여성 참정권론과는 상반되는 보수주의적 기독교 근본주의의 영향이 감지된다고도 할 수 있다. "남부만큼 진정한 미국 토박이 백인 혈통을 쉽게 찾아볼 수 있는 곳이 어디 있겠는가?"(「남부」)라는 그의 언급은 목가적인 한편, 묘한 인종주의적 뉘앙스를 느끼게 한다.

여성과 사랑, 결혼의 문제에 대한 김동성의 입장은 비교문명론자, 문화 번역가의 위치에 가깝다. 그도 그럴 것이 "백인 형제들과 미국의 경이를 함께 누리는 마음씨 좋고 선량한 유색인종이 있는" 뉴욕을 비롯한 북부의 개방성을 옹호하고 있는 것

한국 신문사상 최초의 네컷만화

1. 서양: 네, 잘못하였습니다. 밤에 부인 혼자 심심하시겠소. 다시 아니하겠습니다.

2. 동양: 여편네가 무슨 상관이야. 집안이 아니 되려면 암탉이 운다고!

3. 서양: 오늘 하인이 어디 가고 없는데 고 사이를 못 참아. 이 집에서 내가 안주인 마누라여. 누가 나더러 무엇이라 하여?

4. 동양: 집에서 무엇이 바빠서 밥을 제때에 못하고 누구를 굶겨 죽일 생각이야!

* 김동성 작, "그림이야기: 동양과 서양", 〈동아일보〉 1920년 4월 19일자. 김동성은 한국신문사상 최초의 네컷 만화 실험자이기도 했다.

도 그이기 때문이다.

(4) 자유로운 개인-대학 생활, 공공 영역, 대중문화

저자의 이력을 반영하듯,『동양인의 미국 인상기』에는 "청춘의 가장 즐거운 날들의 달콤한 추억"(「대학 생활」), 특히 미국의 대학 문화에 대한 이야기들이 종종 등장한다. 앞서 말한 젊은이들의 연애 문화도 그렇거니와, 대학 사교 모임이나 대학 생활에 관한 풋풋한 이야기들을 전하고 있다. 춤과 자동차, 무도회, 사교 모임, 대학 풋볼에 대한 이야기들은 일종의 문화 충격 혹은 가슴 떨리는 공포로 다가왔던 것 같다.

대학 생활에 대한 이야기는 사교 문화와 학문적 호기심으로 압축된다. 우선 흥분과 기대, 그리고 두려움과 좌절감이 교대하는 상태는, 그야말로 미국 대학의 사교 문화에 던져진 한 동양인의 대한 솔직한 감정이었다고 생각된다. 대학의 "여학생은 무슨 수를 써서라도 애인을 만들겠다는 생각"(「대학 사교 모임」)이며 잘못하면 온갖 남성들의 '미끼'가 될 수 있다 이야기하는 한편, 이웃 대학 사교 모임으로부터의 초청장을 "여름용 모피"에 비유하기도 한다. 그렇게 이 동양인은 "작은 모자를 60도 각도로 비뚜름히 쓰고, 양쪽 다리에 서로 다른 요란한 색의 스타킹을 신"(「대학 생활」)는 무도회 문화의 일원이 된다.

하지만 그가 청춘의 가장 즐겁고 달콤한 추억으로 이야기하는 것은 대학 해부학실에 몰래 잠입해 해부된 시체를 본 순간이었다. 차르든 떠돌이 일꾼이든 죽은 자는 모두 평등하게 지상으로 돌아온다는 별날 것도 없는 사실을 발견하는 스릴이 그것이다. 그는 그렇게 "배움의 왕국의 양"이 된 자신을 기꺼워하는데, 여기서의 배움이란 육체적 단련과 지적 호기심, 생의 약동에 대한 만끽 등을 포함한다.

김동성은 미국 대중문화의 꽃인 스포츠에 대해서도 몇 개의 에피소드를 남기고 있다. 야구나 풋볼과 같은 스포츠들은 미국이라는 젊은 문화의 힘과 활력을 보여주는 것으로 표현된다. 이를테면 김동성은 스피드와 도루라는 요소를 야구의 특징으로 보고 있으며, 야구의 인기는 인류의 운명과 함께 할 것이라 언급한다(「야구」). 또한 미식축구에 대해 말하길, "풋볼에는 청춘의 힘과 활력 전부가 요구된다. 풋볼은 원기 왕성한 삶을 사는 거인의 경기다"(「풋볼」)라고 하고 있다. 어떻게 보면, 전형적인 '미국=청춘=대중문화'의 도식이 작용하고 있다고도 볼 수 있겠다. 하지만 어떤가 하면 인간의 유한한 삶이 그러하듯 "시간은 흘러가고, 동쪽에서 날이 밝아와 해가 떴다가는 서쪽 하늘로

지고 다시 동쪽에서 달이 뜬다."(『풋볼』) 지구가 계속 돌고 있는 한, 영원한 것은 없다.

김동성이 그의 책에서 가장 큰 관심을 경주한 것은 미국 사회의 공공 영역에 대한 것이었다. 대통령과 의회, 신문과 같은 언론 문화, 공공 도서관이나 우편 제도와 같은 '공통적인 것'에 대한 찬탄, 특히 미국 사회의 '자유(freedom)'에 대한 경험적 평가가 사적인 에피소드들 사이사이에 배치되어 있다.

"완전히 사심 없는 동기를 지닌 국민의 심부름꾼"인 대통령, 특히 "동등한 능력을 가진 다른 이에게 자리를 물려주고 떠나"는 정치 제도에 대해 경탄하며 김동성은 이렇게 썼다. "너무나 진실 같아서 믿기가 어려웠다."(『대통령』)

어쩌면 대통령 정부 형태를 보며, "미국을 '천상의 공화국'이라 부르는 이가 없는 것은 어찌 된 일일까?"라고 묻는 김동성의 관점을 일면적이라고 비판할 수도 있을 것이다. 하지만 그가 살았던 조선의 중심과 권위의 체계를 고려한다면, 또 그가 입국했던 1910년대 미국의 이민정책을 고려한다면 이러한 찬탄이 일방적이라고만 하기는 어려울지 모른다. 이를테면 포드 자동차는 19세기 말부터의 대량 이민에 편승하여 이민자들을 대상으로 대규모의 언어 및 기술 교육을 실시해 '포디즘'이라는 대량생산 체제를 구축했다. 동아시아 이민자들에 대한 인종 차별이나 도시 빈민 문제가 있다 하더라도, 미래는 낙관적으로 비춰졌을지 모른다.

김동성은 「자유」에 대한 글에서, 이렇게 언급한다. "미국인이 모두 성자는 아니라는 점을 보여준다. 일부 악한 세력이 작용하고 있다. 하지만 전체적으로 보아 미국인은 거의 초인적이다. 미국인만이 그토록 많은 자유를 누린다는 말이다. 미국의 자유는 과거든 현재든 가장 부러운 것이었다. 법원이든 개인이건, 아무리 잘못된 행동이라도 남들을 짓밟거나 이용해먹은 적이 없다. 구두닦이에게도 상류층 사람이나 백만장자만큼의 자유가 있다."

무엇보다 김동성이 보기에 미국의 민주주의 혁명과 자유는 '다른 나라의 국민' 특히 난민과 망명자를 포함한 자유였다. '난민과 망명자들의 피난'인 미국에서라면, "폴란드인, 아르메니아인, 힌두교도, 그리고 우리 동포들까지, 성조기 아래서 개인적 권리를 존중받는다." 이 같은 자유 아래서, 시내 마천루의 사무실에서 각자의 직분과 공무를 수행하고, 그 일들에 대해 책임을 지는 "영리한 양키들"(「유명한 미국인들」)은 이 동양인에게 "거의 초인"처럼 보였다. 더구나 이 자유는 "다음 세대를 위한 미국 문화의 전당"인 「도서관」이나 "완벽한 효율성을 자랑하"는 신문에 의해 지탱되고 있는 것처럼 보였고, 대학 제도나 시내 마천루의 근면은 미국의 자유를 부유함으로 이행시키고 있는 것으로 여겨졌다.

구습에 얽매인 조선 땅에서 태어나 계몽된 사회를 꿈꾸던 소년, 국권 상실과 식민지 지배를 견디지 못해 태어난 땅을 등진 청년에게, 자유와 보편적 권리가 존중되는 미국은 초인들의 땅으로 각인되었으며, 그러한 청년기의 체험은 김동성이 시종 견지했던 미국적 근대성에 대한 믿음으로 이어졌다. 이러한 경험과 신념이 일제하 언론 활동의 동력이 된 것은 물론이다. 속박에 대한 자유, 전체에 대한 개인, 간섭에 대한 자율, 명령에 대한 공무 책임을 중시하는 그의 세계관의 원점에 그의 인상기가 놓여 있다. 미군정과 이승만 초기 정권에서의 적극적 역할 등에 관한 비판들은 어쩌면 그 자신의 미국관과 종교적 입장이 노정한 필연적인 결과일지 모른다.

4. 인유(引喩)와 번역으로서의 글쓰기 - 환승과 상실

　김동성의 『동양인의 미국 인상기』는 문화적 인용 혹은 변형된 인용구들로 가득 차 있는 일종의 '인유로서의 글쓰기'라고 할 수 있다. 유학생 혹은 외국인들의 글쓰기가 흔히 그러하듯이, 그는 자신이 유학한 장소의 고전 세계의 정격적 문장들로부터 자양분을 얻고 그것을 변형해 스스로의 감상과 관점을 전달한다. 그것은 언어 능력 혹은 언어 기술의 한계 때문이기도 하고, 전달 가능성의 확보를 위한 전략이기도 하다. '이방인의 시선' 이전에, '그도 우리의 고전을 읽었고 우리를 잘 안다'는 공유의 장이 필요한 것이다.

　과연 김동성은, 로마의 카이사르가 로마 시민에게 보낸 승전보에 등장하는 유명한 라틴어구로 자신의 책을 시작한다. 그러나 "왔노라, 보았노라, 이겼노라"라는 관례화된 표현으로부터 마지막 한 구절을 제거함("마지막 부분만은 앞으로 두고 봐야 알 것이니 남겨두었지만")으로써, 장사도 정복도 아닌 "교육", "현대의 지적 분위기의 흡수"라는 스스로의 목적(유학)을 환기시킨다. 이 책자의 곳곳에 이처럼 수많은 인용 혹은 변형된 인용들이 숨어 있고, 이러한 인유 혹은 패러디야말로 "기발하고 건전한 유머"(W.F. 윌리)의 가장 큰 원천이라 하겠다.

소위 '동양인의 미국 인상'은 단순히 영어로 '표현'되었다고 전달되는 것은 아닐 것이다. '미국'과 그것이 속한 문화 전체를 관통함으로써 얻어진 공통 감각과 스스로의 독특한 견해를 그 공감의 장에 놓을 수 있는 능력, 즉 문화 횡단적 '번역'이 필요한 것이다. 번역한다는 것은 단순히 언어와 언어 사이에 다리를 놓는 일과는 다르다. 번역은 원천(source)이 놓인 문화 전체를 그것이 도착하는 문화의 장 안에 배치해내는 일일 뿐 아니라, 표적(target)에 접근하기 위한 '미디어' 혹은 '언어' 자체를 재발명하는 일이기도 하다.

우선 「서문」에서도 언급된 김동성의 문장은 인용과 패러디로 가득 차 있다.

Oh, East and East, West and West,

And ever the twain shall meet;

Even fore earth and sky stand presently at

God's great judgement seat.

− Apologies to Kipling

오, 동양과 동양, 서양과 서양,

이 둘은 언제고 만나리라

신의 위대한 심판의 자리에

하늘과 땅이 놓이기 그전에도.

  - 키플링에게 사죄하며

  위 문장은 중국인이 쥐를 먹는다는 편견이나 서양의 개구리 다리 요리에 얽힌 경험, 즉 동서의 문화적 편견에 대한 에피소드의 마지막에 등장한다. 위 문장들은 러디어드 키플링(Rudyad Kipling)의 유명한 시 「동양과 서양의 발라드」의 첫 두 행을 패러디한 것이다. 키플링의 본래 시의 첫 구절은 다음과 같다.

Oh, East is East, and West is West, and never the twain shall meet,

Till Earth and Sky stand presently at God's great Judgment Seat;

오, 동양은 동양이고, 서양은 서양일지니, 이 둘은 결코 만나지 못하리라

신의 위대한 심판의 자리에 하늘과 땅이 놓일 그날까지는*

"동양은 동양이고, 서양은 서양"이라는 규정적인 분리의
표현은 김동성의 인유에서 "동양과 동양, 서양과 서양"이라는
병렬적 표현으로 바뀌어 있다. 'is'를 'and'로 환치시킴으로써, 여
러 동양들과 여러 서양들이 자리를 잡는다. 그도 그럴 것이 「개
구리 다리」 이야기에서 쥐고기를 먹는 '칭크' 혹은 '잽'으로 오
해된 김동성으로서는 동양도 다 같지 않음을 표시해두었던 셈
이다. 그리고 각각의 동양들과 서양들은 "언제고 만나리라"라
고 예언된다. 김동성에 따르면, 이 둘(twain)이지만 실은 여럿인
동양들(East and East)과 서양들(West and West)은 천지가 신의 위
대한 심판에 놓이는 것을 기다릴 것도 없이 이미 '위장(胃腸)' 안
에서 만나고 있다. 이것이 그가 본 20세기 초 세계의 진실이다.

　동서 문화에 대한 김동성의 입장은 문화적 낙관주의자에
가까워 보인다. 이러한 김동성의 사고방식은 유럽과는 달리, 미
국을 동양과 서양이 만나는 문명 순환의 '중립 지역(neutral terri-

* 　인용자가 우리말로 옮겼다.

tory)' 혹은 "동서양의 모든 철학들이 가진 동일한 구심력"을 확인하는 장소라고 본 랄프 왈도 에머슨(Ralph Waldo Emerson) 류의 사고가 팽대해 있던 19세기~20세기 초의 미국 지식인들의 감성에도 잘 맞았을 것이다. 이른바 실용적 '양키 기질'에 부합하는 매력적인 명제였을지 모른다. 두 극단 사이의 균형적 태도를 보여주며 그 만남의 가능성을 언급하는 김동성의 짧은 저작이 문화적 다양성(diversity)의 용해로(smelting furnace)를 '합중국'의 자부심으로 느끼고 있던 당대 미국에서 환영받은 것도 어쩌면 자연스러운 일이었을 터이다. 찬란한 자본주의 문명과 이기주의, 물질적 부와 세속주의, 자유와 문화적 차별과 같은 미국 문화의 모순과 모두가 과거에는 이민자였던 사회의 수많은 구별 짓기에 대한 감상 등을, 소위 '동양 정신'이라는 '다른' 시각으로부터 담담하면서도 재치 있게 표현해나가는 김동성의 글에는 그래서 격렬한 갈등이나 비극성, 비통함이나 신랄함 등과 같은 정동이 직설적으로 토로되는 법이 거의 없다. 그 자신의 표현처럼 김동성은 제조회사나 포로, 정복자의 반대편, 일종의 학도(learner)의 자리에 서 있다.

동서의 상극에 대한 키플링의 명제가, 전후 대표적 동서 비교 문명론자 중 하나인 F.S.C. 노스롭(Northrop)의 『동서의 만남』(1946)을 통해 매우 명백한 파산 선고를 당하기까지, 동서양 사이에는 엄청난 박해와 유혈 충돌이 있었다. 그런 의미에서 오늘날에는 오히려 범속해 보이는 김동성의 균형과 조화의 사유와 문화적 관용을 포함한 낙관주의가 그리 평범한 것만은 아닐지 모른다.

그런 의미에서 역사상 처음으로, 단지 전쟁이나 평화라는 이슈가 아니고서도 동과 서는 그 성격상 동양적인 만큼이나 서양적인 하나의 세계적 움직임 안에 놓여 있다. 동과 서는 만나고 있고 용해되고 있다. 키플링이 그처럼 적절히 묘사했지만 잘못 예언하였던 시대(epoch)는 종결되었다. 지금 이 시대는 우리가 우리 스스로를 이해하려면 동양을 이해해야 하는 시대이며, 따라서 더 이상의 비극과 비통, 유혈이 일어나지 않기 위해서라도 동양적 가치와 서양적 가치를 어떻게 결합시킬지를 익혀가야만(learn) 할 시대이다.*

---

* N.S.C. Northrop, *The Meeting of East and West*, New York: The Macmillan Company, 1946. 인용자가 우리말로 옮겼다.

어떤 의미에서 김동성은 '만남'을 예언하며, 동서양이 서로를 호혜적으로 익혀나가야 함을 말하고 싶었던 게 아닐까?

하지만 '동서의 만남'에의 낙관과는 별도로 양자 사이의 차이 혹은 거리 역시 명백히 존재한다. 그 가장 물리적인 형태 중 하나가 텍스트 사이의 언어적 차이일 것이다. 김동성으로서는 같은 인상을 한국어로 바꾸어, 당대 한국 사회에 환승시키는 데 상당한 어려움을 겪을 수밖에 없었다.

영문 책자의 해당 부분과《매일신보》연재분, 또 그 현대어 역을 나란히 놓고 보면, 이 조우(遭遇)의 가능성과 조우를 통해 잃게 되는 '번역적 손실(loss of translation)'이 조금 더 분명해질 것이다.

〔영문〕We must confess that we engaged once in this feast and enjoyed it immensely. But soon the thought came that we were prejudiced against frog legs, and we ran into a recondite place to find some means to take it out from our ventral cavity, but it was too late, for the frog legs went down deep and well. We were as helpless as our landlady's spaniel tha had a flea on his back which neither his feet, his mouth, nor his tail could reach.

We afterwards learned to enjoy them fully with well-prepared tartar sauce, which inspired us to quote a verse in such an arrogant manner as if we were a born poet:

Oh, East and East, West and West,

And ever the twain shall meet;

Even fore earth and sky stand presently at

God's great judgement seat.

— Apologies to Kipling

〔《매일신보》국한문체〕余ㅣ 一次 試喫ᄒᆞ고 偏執이 忽生ᄒᆞ야 手指로 咽喉를 攪ᄒᆞ고 吐ᄒᆞ기를 期待ᄒᆞ되 俄然히 胃中에 潛伏ᄒᆞ야 元素로 歸ᄒᆞᆫ 듯 無可奈何ㅣ러라. 其後ᄂᆞᆫ 一箇 蛙肉黨이 되미 輒히 異常ᄒᆞᆫ 印象이 生ᄒᆞᆫ도다. 地域은 東西洋이 相反이나 人生의 感覺은 如一ᄒᆞ니 四海同胞之說이 果然치 안은가.*

〔현대어 역〕솔직히 털어놓자면 우리도 한번 그런 연회에 참석

해 무척 맛있게 먹은 적이 있다. 하지만 이내 개구리 다리에 대한 선입견이 되살아났고, 우리는 인적 없는 곳으로 달려가 어떻게든 뱃속에서 그것을 꺼내려 했으나, 너무 늦었다. 개구리 다리는 무사히 복부 깊이 안착했던 것이다.

우리는 등에 벼룩이 있는데 발도, 입도, 꼬리도 닿지 않아 난처해하던 주인집 아주머니의 스패니얼 개만큼이나 속수무책의 처지였다.

나중에 우리는 잘 만든 타타르 소스를 곁들여 개구리 다리를 제대로 즐길 줄 알게 되었고, 타고난 시인이나 되는 것처럼 거만하게 시 한 수를 인용하고픈 기분이 들었다.

오, 동양과 동양, 서양과 서양,
이 둘은 언제고 만나리라
신의 위대한 심판의 자리에
하늘과 땅이 놓이기 그전에도.
 -키플링에게 사죄하며

키플링의 「동양과 서양을 위한 발라드」는 동서 문명의 충돌과 번역 및 이해의 불가능성과 관련해 곧잘 불려 나오는 작품이다. 「서문」에서도 강조된바, 키플링에 대한 인유 혹은 패러디 야말로 어쩌면 김동성의 『동양인의 미국 인상기』의 백미라고 할 수 있을지 모른다. 그러나 위의 에서 보듯이, '키플링의 패러디'와 '키플링에 대한 사죄' 사이의 격조와 유모, 무엇보다 문명론적 비전은 한국어 문장 안으로 올라 탈 수 없었다. 가장 핵심적인 시적 패러디는 "사해동포지설이 과연(四海同胞之說이 果然)"이라는 계몽기적 어투로 줄어들어 있다. 키플링에 대한 이유와 사죄를 수용할 수 있는 공통 감각, 문학적 언어의 장(場)이 당대 한국에 없었거나, 적어도 그가 그렇게 판단했기 때문이다.

동서 문명, 보다 좁혀 말하자면 영어와 한국어 사이의 절대적 차이 위로 물론 양자를 포괄하는 '세계' 혹은 '사해(四海)'라는 개념이 있다. 그러나 '세계'라는 교통 공간을 넘나드는 문화적 환승에도 일종의 토큰이 필요하다. 만약 이 환승을 번역이라고 한다면, 그에 필요한 토큰은 무엇일까. 혹 그것을 설득의 기술이자 관습으로서의 수사학 혹은 에크리튀르(écriture: 사회적 글쓰기)라 할 수는 없을까. 바로 여기서 번역의 차질 혹은 상실이 일어난 것이다.

문체란, 집단적 발화 방식('에크리튀르')의 개인적 변주이기에, 집단 언어의 구속을 뛰어넘을 수 없다. 문체 그 자체가 번역

속에 살아남기 위해서는 문명과 문명 속의 개인이 '함께' 번역되어야 한다. 지난한 일일 뿐 아니라, 문명 간 거리가 큰 언어들 사이에서는 거의 불가능한 일이기도 하다.

김동성의 『동양인의 미국 인상기』는 《매일신보》에 연재된 〈미주의 인상(美洲의 印象)〉으로 넘어오면서 '다른' 세계의 고전에 접붙여진다. 물론 시점상으로나 내용의 전개 순서로 보아, 《매일신보》의 〈미주의 인상〉(1918년 2월 23일~2월 28일자)은 분명 앞서의 영문 저작 『동양인의 미국 인상기』(1916)의 '번역'일 터이다. 그러나 축자역이나 의역과는 전혀 거리가 멀 뿐 아니라, 사실상 요약적 번안(飜案)이나 편역에 가까울 정도로 어휘 간 상호 대응 관계가 매우 느슨하고 생략도 현저하다. 특히 독자가 완전히 달랐던 만큼 미국 문명에 대한 평가가 적잖은 영문 저작과 달리, 그중 다섯 개의 장을 번역하여 연재한 《매일신보》의 〈미주의 인상〉은 사실관계나 일화들에 치우쳐 있다. 번역한 단락들의 선택 역시 문명 비교적인 것보다는 시가지, 도서관, 여성들의 의복, 음식과 같은 신기(神奇) 취미적 에피소드에 제한되어 있었던 것이다. 비유 체계가 포함하는 판단(critique), 특히 인유가 거의 완전히 사라진다.

그의 영문 '인상기'는 영어로 표현된 서양 문화의 축적을

잘 답습함으로써 효과적으로 전달되고, 또 높이 평가되었다 할
수 있다. 인유라는 문체 혹은 문채(文彩)상의 특징은 그가 한국
에 돌아와 연재했던 〈미주의 인상〉에서는 충분히 실현되기 어
려웠다. 영어와 한국어의 거리, 신문 매체의 정보적 성격, 여행
기 문학 혹은 에세이 양식의 부재, 무엇보다 양 사회의 공통 감
각의 결여 등으로 인한 결과였을 것이다. 그가 스스로의 경험
을 자신의 영어 문체가 근접시켜 표현할 수 있게 되기까지는 그
자신의 노력 여부와는 별무 상관인, 문학사적 시간이 필요하였
다. 참고 삼아, 미국 남부에서의 하룻밤에 대한 오랜 후의 회고
(1936)를 인용해놓는다.

미국서 학생 생활을 하던 때의 이야기입니다.

여름 방학을 하고 아칸소 주로 놀러 갔었지요. 거기는 조선 동
포들도 다수 있거니와 나의 학우들이 많은 까닭이었습니다.
수림이 무성하여 녹색의 빛으로 묻힌 이곳 – 더욱이 맑은 시
내가 흐르고 넓은 원야(原野)가 버려 있어 전원의 시원한 맛을
볼 수가 있었습니다.

이야기는 여기서부터 출발합니다. 나는 그때 크리스챤으로
독실한 신자였고 또는 그곳 목사에게 신임을 받고 있었습니

다. 그런데 그 목사 하루는 그곳서 한 40리 되는 촌락으로 순회를 갔는데 밤 깊어서야 돌아온다고 하였습니다. 나는 목사를 맞으려 그곳 신자들을 모아가지고 저녁을 먹은 후 먼 교회의 촌락을 향하여 길을 떠났지요. 그때가 바로 달 밝은 보름이라 교외의 풍경은 훌륭하였습니다. 달빛을 따라 몇십 리를 가니까 마침 목사는 이곳을 향하여 뚜벅뚜벅 오지 않겠습니까. 목사는 우리 일행을 보고 또는 자기를 맞으러 나간 우리의 마음을 생각하고 퍽이나 기뻐합니다. 우리가 타고 간 마차에 목사도 타고 차를 돌려 집으로 오게 되었지요.

백은(白銀)빛 달은 낙엽을 비춰 아름다운 그림자가 대지 위에 청록의 광휘를 던지고 있는데 여기저기서 벌레 소리는 청음(淸音)의 조자(調子)를 높이고 박진주의 가는 방울 같은 이슬이 낙엽 위에 데굴거리며 월광과 함께 미소하는 것은 매우 보기 좋았습니다. 고요한 전원 – 오직 달만이 이 세계의 주인이라는 듯이 창백한 날개로써 전원의 부드러운 가슴을 밝고 있는 것은 너무나 즐겁고 시원한 광경이었습니다.[*]

---

[*]   김동성, 「아칸쏘스 州의 月光曲」, 《新人文學》 제3권 제1호(1936.1).

5. 에필로그 – 조용한 아침의 나라의 모든 책장

필자가 처음으로 김동성의 작업들에 관심을 가진 계기는 그가 1928년 출판한 한 권의 사전 때문이었다. 이 사전은 한국인이 편찬한 (정확히는 한국인의 이름을 달고 나온) 최초의 한영사전이었는데, 그는 누구의 도움도 없이 혼자서 사전 편찬이라는 역사(役事)를 해냈던 것이다. 김동성은 1928년 출간한 『최신 선영사전(最新 鮮英辭典)』의 「머리말」에서 이렇게 적었다.

나 자신 밤늦게 공부하는 사람인 양 젠 체하는 것도 아니며, 또한 사전에 대한 소양이 있는 것도 아니다. 그럼에도 불구하고 단지 오랫동안 느꼈던 필요성으로 인해 지난 십 년 동안의 대부분을 언론계에서의 정기적 업무에 종사하면서도 이외의 시간, 아침의 짧은 시간까지 써가며 나는 이 사전을 편찬하는 일에 매달려야만 했다.

한국인의 작업으로는 최초인 이 사전이 조용한 아침의 나라의 모든 책장에 널리 퍼질지도 모른다. 적어도 또 다른 위대한 업적이 등장하기 이전까지는 말이다.

「머리말」이 잘 보여주듯, 김동성은 그의 사전이 한국인이 편찬한 최초의 한영사전이란 사실을 잘 알고 있었다. 게다가 1911년에 나온 제임스 스카스 게일(James Scath Gale)의 『한영사전』을 기준으로 한다면 거의 17년간의 공백을 뚫고 나온 '한영' 사전이었고, 말할 것도 없이 차후의 사전들에 끼친 영향도 다대하다.

김동성은 자신의 이 '첫' 일들이 한국의 '첫' 일이기도 하다는 사실에 큰 자부심과 사명감을 느꼈다. 그러나 이 사전만이 그에게 한국인 최초라는 영예를 헌사한 것은 아니었다. 많지 않은 회고들 속에서 김동성은 언제나 '최초의 일들'을 이어가며 말하기를 즐겼다. 그리고 과연 신문사, 만화사, 외교사, 번역사 (어쩌면 정치사) 등에서 그의 역할은 선구자 혹은 개척자라는 이름에 합당한 것들이기도 했다. 그리고 그 최초의 일들을 범박하나마 하나의 단어로 묶어보자면 '번역'이 되지 않을까 한다. 그의 유학과 여행, 그의 외교관으로서의 생애, 그의 신문 기자, 특히 외신 기자로서의 생애, 그의 수많은 동서 고전의 번역물들과 사전들은 그가 동서 문명의 다리로서 시종했음을 잘 보여준다.

1941년 태평양전쟁 발발 이후 영미 양국인이 추방되었을 때에도, 학교에서 영어 교육이 금지된 상황일 때에도, 김동성은 묵묵히 『한영사전』의 증보판을 준비했다고 한다. 말년 80세에 위장병으로 고생을 했으면서도 수술까지 받은 좋지 않은 여건에서 이 사전의 증보판을 죽는 날까지 교정했다는 회고담을 통해 볼 때, 그가 이 '번역'이라는 문제를 평생의 과업으로 여겼음이 잘 드러난다.

한국인 최초의 영어 출판물, 적어도 미국에서 최초로 영문으로 출간된 책으로 기록될 김동성의 『동양인의 미국 인상기』는 그 기나긴 번역가로서의 삶, 다리 놓기의 첫 출발에 놓인 작품이자, 한국 근대 문화사의 한 기린아의 첫 화첩이다. "조용한 아침의 나라의 모든 책장", 아니 적어도 모든 도서관들에 그의 책이 놓여 있다. 그의 이름은 번역자라는 작은 글씨 안에 숨겨져 있지만, 그 그림자는 실로 작지 않다. 그 책장 위에 21세기의 한국어로 된 하나의 책을 더한다.

보통의 여행자는 새로 당도한 곳에서 그 사회의 선한 풍경만을 풍문으로 변주한다. 눈 밝은 여행자는 그 사회의 풍경과 풍습에서 숨은 악을 발견하고 놀란다. 그리고 가장 훌륭한 여행자는 한 사회의 선이 만들어낸 뜻하지 않은 악들과 악이 만들어낸 거짓된 선들을 발견하고는 전율한다. 김동성은 어떤 여행자였을까. 그에 대한 판단은 순전히 독자들의 몫이라 생각한다.

참고 자료

金東成, 『最新 韓英辭典』, 漢城 : 大韓出版社, 檀紀 4278, 1945.

金東成, 「나의 回想記」, 《사상계》 120~129, 1963. 4.~12.

金乙漢 편, 『천리구 김동성』, 을유문화사, 1975.

조선일보사 사료연구실 지음, 『조선일보 사람들』, 랜덤하우스 중앙, 2005.

박진영, 「천리구 김동성과 셜록 홈스 번역의 역사―《동아일보》 연재 소설 『붉은 실』」,
《상허학보》 27, 2009.

최열, 「1920년대 민족만화운동―김동성과 안석주를 중심으로」, 《역사비평》 1988년
봄호(통권 2호), 1988. 3.

황호덕·이상현 저/역, 『개념과 역사, 근대 한국의 이중어사전―외국인들의 사전 편찬
사업으로 본 한국어의 근대 1·2』, 박문사, 2012.

황호덕·이상현 편, 『한국어의 근대와 이중어사전 Ⅸ』, 박문사, 2012; 金東成 著, 權悳
奎校閱, 『最新 鮮英辭典(The new Korean-English dictionary)』, 京城: 博文書館, 1928.

『민족문화 대백과사전』, 『브리태니카 백과사전』 등.

小倉進平, 『增訂補注 朝鮮語學史』, 東京: 刀江書院, 1964.

Dong Sung Kim, *Oriental Impressions in America: With Drawing by the Author,*
Cincinnati; The Abingdon Press, 1916.

동아시아 근대와 여행 총서 1

미주의 인상
조선 청년, 100년 전 뉴욕을 거닐다

© 김동성, 김희진, 황호덕
첫 번째 찍은 날 2015년 1월 2일
두 번째 찍은 날 2015년 1월 15일

지은이   김동성
옮긴이   김희진, 황호덕
해설   황호덕

총서 기획   김수기, 황호덕

펴낸이   김수기
편집   김수현, 문용우, 이용석, 허원
디자인   박미정
마케팅   최새롬
제작   이명혜

펴낸곳   현실문화연구
등록번호   제2013-000301호
등록일자   1999년 4월 23일
주소   서울시 마포구 포은로 56, 2층
전화   02-393-1125
팩스   02-393-1128
전자우편   hyunsilbook@daum.net

ISBN 978-89-6564-109-4 03900
가격은 뒤표지에 있습니다.

이 책은 성균관대학교의 2012학년도 석천연구비에 의하여 연구되었음.
이 도서의 국립중앙도서관 출판시도서목록(CIP)은 서지정보유통지원시스템 홈페이지(http://seoji.nl.go.kr)와 국가자료공동목록시스템(http://www.nl.go.kr/kolisnet)에서 이용하실 수 있습니다. (CIP제어번호: CIP2014032432)